INTERPRETAÇÃO CONSTITUCIONAL, POLÍTICA E SISTEMAS SOCIAIS

UMA ANÁLISE CRÍTICA DAS CONSEQUÊNCIAS DA HERMENÊUTICA CONSTITUCIONAL CONTEMPORÂNEA EM FACE DAS DEMOCRACIAS PLURAIS

CB034324

Editora Appris Ltda.
1.ª Edição - Copyright© 2024 dos autores
Direitos de Edição Reservados à Editora Appris Ltda.

Nenhuma parte desta obra poderá ser utilizada indevidamente, sem estar de acordo com a Lei nº 9.610/98. Se incorreções forem encontradas, serão de exclusiva responsabilidade de seus organizadores. Foi realizado o Depósito Legal na Fundação Biblioteca Nacional, de acordo com as Leis nos 10.994, de 14/12/2004, e 12.192, de 14/01/2010.

Catalogação na Fonte
Elaborado por: Dayanne Leal Souza
Bibliotecária CRB 9/2162

C352i
2024

Castilho, Bruno Cardenal
   Interpretação constitucional, política e sistemas sociais: uma análise crítica das consequências da hermenêutica constitucional contemporânea em face das democracias plurais / Bruno Cardenal Castilho e Fabiano Augusto Petean. – 1. ed. – Curitiba: Appris, 2024.
   87 p. ; 21 cm. – (Coleção Sociologia do Direito).

   Inclui referências.
   ISBN 978-65-250-6752-0

   1. Direito constitucional. 2. Hermenêutica. 3. Interpretação. 4. Aplicação do Direito. I. Castilho, Bruno Cardenal. II. Petean, Fabiano Augusto. III. Título. IV. Série.

CDD – 342

Livro de acordo com a normalização técnica da ABNT

Appris editora

Editora e Livraria Appris Ltda.
Av. Manoel Ribas, 2265 – Mercês
Curitiba/PR – CEP: 80810-002
Tel. (41) 3156 - 4731
www.editoraappris.com.br

Printed in Brazil
Impresso no Brasil

Bruno Cardenal Castilho
Fabiano Augusto Petean

INTERPRETAÇÃO CONSTITUCIONAL, POLÍTICA E SISTEMAS SOCIAIS

UMA ANÁLISE CRÍTICA DAS CONSEQUÊNCIAS DA HERMENÊUTICA CONSTITUCIONAL CONTEMPORÂNEA EM FACE DAS DEMOCRACIAS PLURAIS

Appris editora

Curitiba, PR
2024

FICHA TÉCNICA

EDITORIAL	Augusto Coelho
	Sara C. de Andrade Coelho

COMITÊ EDITORIAL
- Ana El Achkar (Universo/RJ)
- Andréa Barbosa Gouveia (UFPR)
- Antonio Evangelista de Souza Netto (PUC-SP)
- Belinda Cunha (UFPB)
- Délton Winter de Carvalho (FMP)
- Edson da Silva (UFVJM)
- Eliete Correia dos Santos (UEPB)
- Erineu Foerste (Ufes)
- Fabiano Santos (UERJ-IESP)
- Francinete Fernandes de Sousa (UEPB)
- Francisco Carlos Duarte (PUCPR)
- Francisco de Assis (Fiam-Faam-SP-Brasil)
- Gláucia Figueiredo (UNIPAMPA/ UDELAR)
- Jacques de Lima Ferreira (UNOESC)
- Jean Carlos Gonçalves (UFPR)
- José Wálter Nunes (UnB)
- Junia de Vilhena (PUC-RIO)
- Lucas Mesquita (UNILA)
- Márcia Gonçalves (Unitau)
- Maria Aparecida Barbosa (USP)
- Maria Margarida de Andrade (Umack)
- Marilda A. Behrens (PUCPR)
- Marília Andrade Torales Campos (UFPR)
- Marli Caetano
- Patrícia L. Torres (PUCPR)
- Paula Costa Mosca Macedo (UNIFESP)
- Ramon Blanco (UNILA)
- Roberta Ecleide Kelly (NEPE)
- Roque Ismael da Costa Güllich (UFFS)
- Sergio Gomes (UFRJ)
- Tiago Gagliano Pinto Alberto (PUCPR)
- Toni Reis (UP)
- Valdomiro de Oliveira (UFPR)

SUPERVISORA EDITORIAL	Renata C. Lopes
PRODUÇÃO EDITORIAL	Sabrina Costa
REVISÃO	Manuella Marquetti
DIAGRAMAÇÃO	Amélia Lopes
CAPA	Eneo Lage
REVISÃO DE PROVA	Jibril Keddeh

COMITÊ CIENTÍFICO DA COLEÇÃO SOCIOLOGIA DO DIREITO

DIREÇÃO CIENTÍFICA Francisco Carlos Duarte – PUCPR

CONSULTORES
- Prof. Leonel Severo Rocha (Unisinos)
- Germano Schwartz (Unisinos)
- Vicente de Paulo Barretto (Unisinos)
- André-Jean Arnaud (Université de Paris-Nanterre)
- Katya Kozicki (PUCPR)
- Ricardo Giuliani Neto (Unisinos)
- Luis Gustavo Gomes Flores (Unisinos)
- Vera Karam de Chueiri (UFPR)
- Délton Winter de Carvalho (Unisinos)
- Wanda Capeller (l'Institut d'Études politiques de Toulouse)
- Guilherme de Azevedo (UNISINOS)
- Rafael Simioni (FDSM)
- Claudia Maria Barbosa (PUCPR)

SUMÁRIO

1
INTRODUÇÃO 7

2
DIREITO E POLÍTICA: UMA TENSA RELAÇÃO 11
2.1 Constituição e Política 11
2.2 As Constituições como concepções modernas do pacto social............... 16
2.3 A normatividade constitucional como paradigma
de dominação política... 19
2.4 A função política da Constituição..22

3
HERMENÊUTICA CONSTITUCIONAL: O AVANÇO
DO NEOCONSTITUCIONALISMO 29
3.1 A história da interpretação jurídica e suas particularidades 29
3.2 A hermenêutica constitucional contemporânea..............................35
   3.2.1 A cisão entre a noção de norma e texto normativo.....................38
   3.2.2 A estrutura na norma: entre as regras e os princípios......................42

4
HERMENÊUTICA, POLÍTICA E SISTEMAS SOCIAIS 49
4.1 A interpretação jurídica como fonte de dominação social 51
4.2 Leading Case – A criminalização da homofobia
por meio de analogia...58

5
A LEGITIMIDADE DA INTERPRETAÇÃO POLÍTICA-JURÍDICA
EM FACE DA TEORIA DA SEPARAÇÃO DOS PODERES.....................67
5.1 A separação dos poderes no Direito brasileiro 68
5.2 A inconstitucionalidade das interpretações políticas e seus impactos
nas democracias contemporâneas...71

6 CONCLUSÃO ... 79

REFERÊNCIAS ... 83

INTRODUÇÃO

Constituição, política e sociedade são fenômenos inseridos dentro de um mesmo contexto de desenvolvimento pós-revolução francesa.

Com o advento das revoltas burguesas, o mundo passou a conhecer uma nova forma de estruturação e convívio social, pautada pela adoção de documentos escritos que formalizavam um amplo processo de subjugação do Estado enquanto aparato coercitivo, em contraposição aos direitos fundamentais que emergiam no seio das sociedades europeias e norte americana.

O fenômeno da Constituição escrita, obviamente, não surgiu de uma mera conotação ingênua que pressupunha a tão simples existência de direitos limitadores aos dogmas predominantes da época, difundidos em especial pela aristocracia, mas surgem de um projeto de poder capitaneado por uma classe que avançava em direção ao epicentro do poder político, diante da crescente mudança de perfil e poder econômico que permeava o continente europeu no momento da revolução.

Era necessária uma mudança de paradigma para que o modelo econômico emergente prevalecesse, e tal mudança se calcava fundamentalmente em segurança jurídica e liberdades positivas.

Contudo, em que pese o projeto político em andamento, a revolução burguesa foi capaz de alterar sensivelmente a percepção que a sociedade possuía em relação ao poder público, e nos deixou um extenso legado de direitos e instituições que perduram até o momento, sendo a principal delas, sem dúvida, a cultura de adoção de Constituições formais e documentadas.

Não obstante, com o advento da revolução industrial, e com o avanço do capitalismo desenfreado, as mazelas humanitárias oriundas do modelo econômico adotado passaram a ser percebidas com mais intensidade.

Desigualdade social, pobreza, fome e subdesenvolvimento se tornaram evidentes e, paulatinamente, suscitaram revoltas.

Tais revoltas, angariadas em especial por aqueles que pouco tinham a perder, provocaram uma reação das elites econômicas e políticas; pois esses segmentos da sociedade viram suas tão sonhadas estabilidade e liberdade perderem terreno para um discurso que fomentava um modelo econômico que colocava em risco todo o paradigma de produção e acumulação de capital até então existente.

Como seria possível contornar aquilo que parecia ser o esgotamento de um modelo político que era predominantemente pautado por um discurso individualista e legitimador dos problemas sociais visíveis, que se encontravam expostos no seio da sociedade ocidental?

Novamente, a resposta para as tensões políticas foi dada por meio da Constituição, que passou a angariar em seu núcleo uma série de reivindicações de grupos até então marginalizados, buscando encontrar um ponto de equilíbrio entre o desenvolvimento econômico necessário e o desenvolvimento social desejado.

Como se observa do breve relato sobre desenvolvimento do constitucionalismo contemporâneo, a Constituição, enquanto instrumento formal, foi reiteradamente utilizada como fonte de pacificação e dominação política.

Os documentos constitucionais nada mais são do que o vértice que transforma o poder de fato e exercitado por determinados grupos, em direito posto e cogente para toda a coletividade.

É fundamental que tal caráter eminentemente político das Constituições jamais fique fora de vista.

No entanto, uma vez que a política se transforma em direito, este ganha vida e independência, passando a atuar de maneira a influenciar a sociedade em que ele se insere, ao mesmo tempo que permanece suscetível de influência constante dos demais grupos. Tal efeito dialético pode ser tido como a principal forma de alteração dos costumes sociais nas sociedades judicializadas em que vivemos.

O Direito se submete à sociedade ou a condiciona?

O dilema posto é energeticamente debatido entre as mais diversas correntes do constitucionalismo contemporâneo. Deveria a Constituição ser um documento representativo ou esta mesma Constituição deveria promover modificações sociais?

Eis o ponto que o presente estudo pretende abordar.

Não é algo novo a crescente influência que o Judiciário vem tendo na aplicação e na interpretação da Constituição, desde o estabelecimento do precedente que deu origem ao *judicial review*[1] como competência exclusiva do Poder Judiciário.

Sem embargo, com o desenvolvimento das novas técnicas e teorias a respeito da hermenêutica constitucional contemporânea, um poder eminentemente aristocrata tem tido cada vez mais espaço para promover mudanças na Constituição, sem alterá-la formalmente, e sem absolutamente nenhum tipo de debate com a sociedade que se obriga perante tais normas.

Esse avanço do Poder Judiciário é socorrido frequentemente por argumentos eminentemente acadêmicos, sem nenhum respaldo em autorizações legislativas.

Entretanto, quando tais técnicas passam a conglobar a interpretação e a aplicação da Constituição com finalidade políticas, o

---

[1] Trata-se do fatídico caso *Marbury v. Madison*, em que a Suprema Corte Norte Americana afirmou pela primeira vez a existência de um monopólio por parte do Judiciário na interpretação e na aplicação da Constituição. Assim, institucionalizou-se a revisão judicial dos atos políticos, averiguando-se a compatibilidade das normas produzidas, com a Constituição posta. Interessante notar que o controle de constitucionalidade, e, consequentemente, a interpretação das normas constitucionais pelo Judiciário, já nascem eivadas de um tenso caráter político, e em choque frontal com os interesses políticos existentes na época. Em última análise, em que pese o acerto ou erro do julgado em questão, é claro que a opção de declarar o monopólio do Judiciário sobre a interpretação e aplicação do Direito decorreu de um amplo processo político que, na época, envolvia a troca de poder dos *Federalistas* com os *Republicanos*; o que daria, inclusive, posteriormente, origem ao conflito que originou a abolição da escravatura.

cenário se modifica sensivelmente, fazendo com que seja necessário repensar o papel efetivo do Judiciário na transformação da sociedade em que vivemos.[2]

Que o Direito Constitucional cumpre um papel de subverter determinadas relações de dominação e de poderes existentes, quase ninguém questiona; no entanto, debater a legitimidade para que o Judiciário, em especial as cortes superiores, realizem esse tipo de trabalho sem espeque na vontade popular, e por meios não técnicos, perfaz-se tarefa necessária para aqueles que entendem que o ambiente democrático só floresce com o real entendimento da função que uma Constituição cumpre.

Destarte, o presente livro visa, em suma, analisar três aspectos principais a serem delineados ao longo do texto:

Em um primeiro momento, analisar-se-á a função política da Constituição atual e quais papéis ela cumpre no contexto de democratização em que vivemos.

Posteriormente, far-se-á fundamental que seja contextualizado o principal meio que vem sendo utilizado pelo Judiciário para promover as alterações sensíveis às escolhas constitucionais, a hermenêutica e a implicação prática de tal postura.

Por fim, será finalizado o raciocínio, analisando a função política que a hermenêutica constitucional tem exercido em nossos tribunais, bem como a legitimidade para o Judiciário agir de tal forma.

Diante dos constantes avanços autocráticos em direção ao Estado de Direito, o debate que aqui se propõe é exemplar, no sentido de estabelecer os limites de atuação de um poder da República, mesmo que tal limite venha sendo extrapolado em nome de pressupostos maiores.

---

[2] Interessante observar as crescentes declarações de Ministros do Supremo Tribunal Federal, que adotam uma abordagem que visa, em alguns aspectos, popularizar a atuação da corte maior, por meio de chavões clássicos como "representatividade popular", e, em outras oportunidades, declara-se como um poder independente e contramajoritário, transformando, assim, o real papel do Supremo Tribunal Federal, qual seja, guardar a Constituição, em um mero detalhe.

2

DIREITO E POLÍTICA: UMA TENSA RELAÇÃO

O presente capítulo visa estudar e expor a função que uma Constituição exerce em um papel de democracia, notadamente a alocação de interesses políticos contrapostos e antagônicos.

Assim, visa, este trecho da pesquisa, ampliar o contexto de importância e influência que tradicionalmente se destina ao documento magno, de maneira a iniciar a solidificação de premissas que adiante serão exploradas nos demais capítulos.

2.1 Constituição e Política

A história da humanidade está intimamente ligada aos ideais de direito e poder. Nas mais variadas sociedades, sejam elas primitivas ou modernas, uma concepção de justiça e a existência de normatizações visando à hierarquização dos corpos comunitários sempre se encontraram presentes em seus meios.[3]

Ora, tal constatação não causa nenhuma surpresa. As evoluções dos modelos constitucionais estão intimamente associadas às revoluções, que, por sua vez, estão sempre amparadas por motivações políticas.

O constitucionalismo moderno advém de uma perspectiva histórica, que pode ser rememorada a partir da Magna Carta em 1215[4], deixando-nos uma série de legados importantes, que vão desde a noção de divisão e separação dos poderes, passando

---

[3] SAMPAIO, José Adércio Leite. *Teoria da Constituição e dos Direitos Fundamentais*. Belo Horizonte: Del Rey, 2013.

[4] FERREIRA FILHO, Manoel Gonçalves. *Princípios Fundamentais do Direito constitucional*. São Paulo: Saraiva, 2015.

pelos Direitos suprapositivos e se alicerçando na supremacia da Constituição.⁵

Contudo, é a partir do século XVIII, com as revoluções na América do Norte e na França, que as Constituições passam por um processo de ressignificação que culminaria na sua acepção contemporânea.⁶

Dissertando sobre o tema, José Adércio Leite Sampaio escreve, "Os modernos inventaram mesmo a Constituição? Sim, inventaram. Não do nada, pois fizeram um amálgama das vozes e experiências que vinham de longe no tempo. A Constituição haveria de ser suprema, porque era ao mesmo tempo positiva e natural"⁷.

Assim, com os processos revolucionários que ocorreram sucessivamente, a perspectiva de um documento superior, e que estabelecesse limitações ao poder político vigente, ganhou força.⁸

Nas palavras de Manoel Gonçalves Ferreira Filho:

> No esquema liberal, portanto, a Constituição é acima de tudo a garantia dos direitos fundamentais do homem. É, uma construção imaginosa e hábil, a garantia desses direitos contra o Estado ao mesmo tempo que é a Lei Magna desse Estado, estabelecendo em linhas nítidas e inflexíveis a sua organização fundamental.⁹

No mesmo raciocínio, Gilmar Ferreira Mendes e Paulo Gustavo Gonet Branco aduzem:

> O valor normativo supremo da Constituição não surge, bem se vê, de pronto, como uma verdade autoevidente, mas é resultado de reflexões propiciadas pelo desenvolvimento da História e pelo empenho em aperfeiçoar os meios de controle do

---

[5] *Ibid.*
[6] *Ibid.*
[7] SAMPAIO, 2013, p. 59.
[8] FERREIRA FILHO, Manoel Gonçalves. *Direitos Humanos Fundamentais*. São Paulo: Saraiva, 2012.
[9] *Id., Estado de Direito e Constituição*. São Paulo: Saraiva, 2007. p. 18.

poder, em prol do aprimoramento dos suportes de convivência social e política.[10]

Assim, a narrativa que predomina no imaginário intelectual converge na classificação das Constituições como fonte de limitação e promoção de direitos e garantias individuais.

Óbvio que não se pretende negar nenhum dos aspectos que tradicionalmente compõem a teoria da Constituição, haja vista que os processos históricos nos mostram que, efetivamente, em maior ou menor escala, tal função foi realizada. Não obstante, é impossível ignorar que, desde sua criação, as Constituições escritas sempre foram permeadas de funções precipuamente políticas.

A construção do imaginário constitucional moderno está inundada de uma série de premissas artificialmente construídas. Tais construções foram preponderantemente desenvolvidas pela burguesia ascendente na época das revoluções, que formulavam suas demandas de maneira aberta[11], apoderando-se do aparato estatal de maneira a criar condições socioeconômicas favoráveis a seus anseios, mas ao mesmo tempo estáveis.[12]

As Constituições, entendidas como fonte de formulação de demandas sociais pelos mais variados grupos, adquiriu um forte caráter de intermediação política. "A Constituição *constituiu* o Estado, tal como em qualquer outra sociedade algum corpo de normas desempenha análoga função estruturante"[13], porém, essa função estruturante está intimamente ligada aos atores sociais que prevalecem em determinada época. "Nesse conjunto, a forma jurídica que constitui os sujeitos de direito, afastando as velhas

---

[10] MENDES Gilmar Ferreira; BRANCO, Paulo Gustavo Gonet. *Curso de Direito Constitucional*. 11. ed. São Paulo: Saraiva, 2016. p. 53.

[11] PACHUKANIS, Evguiéni B. *Teoria Geral do Direito e Marxismo*. Tradução de Paula Vaz de Almeida; Revisão técnica de Alysson Leandro Mascaro e Pedro Davoglio; Prefácio de Antonio Negri; Posfácio de Umberto Cerroni China Miéville. São Paulo: Boitempo, 2017.

[12] *Ibid.*

[13] MIRANDA, Jorge. *Teoria do Estado e da Constituição*. 4. ed. Rio de Janeiro: Forense, 2015. p. 165.

relações sociais que julgam uns aos outros pelo arbítrio, pela força ou pelo acaso é uma de suas engrenagens necessárias"[14].

No início, e ainda hoje em alguma escala, os documentos fundamentais da sociedade política contêm em seu corpo uma série de demandas estabelecidas pelos grupos politicamente dominantes. O Direito Constitucional, essencialmente, tornou-se a expressão máxima da dominação que o Direito exerce nas relações de poderes existentes. "A relação jurídica é, para usar o termo de Marx, uma relação abstrata, unilateral; nessa unilateralidade, ela se revela não como resultado do trabalho racional da mente[15] de um sujeito, mas como produto do desenvolvimento da sociedade"[16].

Assim, sendo o Direito produto do desenvolvimento social, e tendo a sociedade, grupos politicamente dominantes em determinado período histórico, nada mais natural que tal desenvolvimento seja guiado segundo tais interesses.

Tal constatação sequer deveria nos surpreender. Ferdinand Lassale, em seu livro *O que é uma Constituição*, já dissertava a respeito do tema e afirmava:

> Essa é a síntese, a essência de uma Constituição: as somas dos fatores reais do poder que regem um país. Mas, que relação existe entre o que vulgarmente chamamos de Constituição e a Constituição jurídica? Não é difícil compreender a relação que ambos os conceitos guardam entre si. Juntam-se esses fatores reais do poder, dá-se-lhes expressão

---

[14] MASCARO, Alysson. *Estado e forma jurídica*. São Paulo: Boitempo, 2013. p. 25.

[15] No mesmo sentido, José Afonso da Silva, ao analisar a Constituição em sentido sociológico, conforme conceituado por García-Pelayo, converge: "As constituições assim, não são meros produtos da razão, como diriam os racionalistas; algo inventado ou criado pelo homem, ou por ele deduzido logicamente de certos princípios, como pretendem os formalistas em geral. Ao contrário, são resultados de algo que se encontra em relação concreta e viva com as forças sociais, em determinado lugar e em determinada conjuntura histórica, cabendo ao constituinte, se tanto, apenas reunir e sistematizar esses dados concretos num documento formal, que só teria sentido na medida em que correspondesse àquelas relações materiais que representam a verdadeira e efetiva constituição" (SILVA, José Afonso da. *Aplicabilidade das Normas Constitucionais*. 8. ed. São Paulo: Malheiros, 2015. p. 22).

[16] PACHUKANIS, 2017, p. 85.

escrita em uma folha de papel e, a partir desse momento, incorporados a ela, já não são simples fatores reais do poder, mas verdadeiros direitos nas instituições jurídicas; quem atentar contra eles atenta contra a lei e, por conseguinte, é punido.[17]

Contudo, os fatores reais do poder, conforme definições de Lassale, apesar de permanecerem atuais, sofreram um amplo processo de modificação de perspectiva. As Constituições modernas são marcadas pela sua pluralidade protetiva. Os mais variados grupos encontraram no documento magno uma fonte de proteção e acolhimento de interesses.

O antagonismo entre interesses sempre existiu no âmbito privado. "Uma das premissas fundamentais da regulação jurídica é, portanto, o antagonismo dos interesses privados"[18].

Contudo, com a crescente constitucionalização do Direito, em especial do Direito privado[19], o antagonismo de forças nas relações jurídicas foram deslocadas para a esfera pública.

Assim, não apenas interesses privados não regulamentados e disputados pelos atores políticos, mas também os interesses públicos passaram por um processo de abertura social, potencializado pelo primado da Constituição sobre as demais leis.

As Constituições passaram, efetivamente, a ser espaços de subjugação de ideias, capazes de influenciar sensivelmente em todo o ordenamento ao qual a sociedade se submete.

Uma vez que a Constituição passe a ser entendida como um plano de disputa entre interesses públicos antagônicos, alicerçados em diferentes fatores reais do poder, as questões que se colocam são: por que a Constituição passou a incorporar esses amplos interesses; e, ao mesmo tempo, como tais interesses se tornam imperativos?

---

[17] LASSALE, Ferdinand. *O que é uma Constituição*. Campinas: Servanda, 2015. p. 23.
[18] PACHUKANIS, 2017, p. 94.
[19] FARIAS, Cristiano Chaves de; ROSENVAL, Nelson. *Curso de Direito Civil:* parte geral e !indb. 12. ed. Salvador: JusPodivm, 2014.

Para responder a tais questionamentos, é necessário realizar ponderações a respeito das Constituições escritas, no contexto filosófico em que elas surgem.

2.2 As Constituições como concepções modernas do pacto social

O desenvolvimento das Constituições escritas e seu perfil estruturante tomou forma a partir do século XVIII, inspirado pelas ideias políticas e jurídicas da época.[20]

Contudo, dentre os pensadores que merecem renovado destaque pela influência no percurso do constitucionalismo contemporâneo, destacam-se os principais expoentes da corrente contratualista: Hobbes, Locke e Rousseau.

A respeito da autoria da corrente filosófica em questão, José Adércio Leite Sampaio explica: "Embora a teoria do contrato social se tenha elaborado com maior nitidez na Modernidade, sobretudo nos trabalhos de Hobbes, Locke e Rousseau, seus elementos conceituais já se faziam presentes na antiguidade."[21].

A importância das teorias contratuais se explica por sua capacidade de estruturar conceitos que viriam a se tornar as bases do constitucionalismo atual.

Hobbes (1588–1679), ao iniciar as exposições contratualistas, assenta a premissa de que os indivíduos viviam em permanente estado de luta por poder. Assim, de maneira a garantir sua segurança e propriedade, os cidadãos teriam que dispor de seus direitos e liberdades, assegurando uma existência livre de riscos.[22]

O autor estabelece a premissa fundamental de que os indivíduos conviviam em um estado natural predatório, e apenas a formalização do poder nas mãos de um soberano afastaria tais impli-

---

[20] MENDES; BRANCO, 2016.
[21] SAMPAIO, 2013, p. 36.
[22] MENDES; BRANCO, 2016.

cações. Assim, surgem as primeiras noções de contrato social que influenciariam os movimentos constitucionalistas subsequentes.

Locke (1632–1704) adotou uma premissa distinta. Para o escritor, o homem em seu estado de natureza era eminentemente livre, podendo dispor de si ou de sua propriedade livremente. Contudo, o autor assevera que:

> Todavia, mesmo em se tratando de um estado de liberdade, não implica em licenciosidade; apesar de ter o homem naquele estado liberdade incoercível para dispor da própria pessoa e posses, não a tem para destruir a si mesmo ou a qualquer criatura de sua posse, a não ser quando um fim mais nobre do que a mera conservação o exija.[23]

Logo, para garantir a estabilidade dos direitos dos indivíduos, protegendo-os de eventuais intervenções indevidas, a sociedade se uniu por meio de um contrato social, para estabelecer as bases de um governo civil.[24]

Se Hobbes lança mão dos conceitos iniciais de contrato social, estado de natureza e direitos naturais, é em Locke que tais premissas são estabelecidas sob a finalidade de se garantir a consecução das liberdades e propriedade dos indivíduos, assumindo, destarte, as primeiras feições limitadoras, que viriam, mais tarde, a marcar as funções de uma Constituição.

Sem embargo, foi somente com Rousseau (1712-1778) que um conceito central viria a ser introduzido ao debate público: a de soberania popular.

Até então, muito havia se discutido a respeito do estado de natureza, bem como da formação da sociedade; contudo, Rousseau foi o pensador responsável a se deitar em primeira linha, nas bases de legitimidade do contrato social, e a quem tal contrato pertenceria.

---

[23] LOCKE, John. *Segundo Tratado Sobre o Governo*. Tradução de Alex Marins. São Paulo: Martin Claret, 2002. (Coleção obra prima de cada autor). p. 24.
[24] *Ibid.*

Para Rousseau, o contrato social se justificaria ao ponto em que:

> [...] os obstáculos danificadores de sua conservação no estado natural superam, resistindo, as forças que o indivíduo pode empregar, para nele se manter; o primitivo estado cessa então de poder existir, e o gênero humano, se não mudasse de vida, certamente pereceria.[25]

Assim, a fonte de justificação da realização do pacto social seria a necessidade de progresso e sobrevivência dos humanos em sociedade.

Dessa fusão de indivíduos para a formação de um corpo social decorre que a este corpo social pertence a soberania, exercício da vontade geral, capaz de "dirigir as forças do Estado segundo o fim da instituição, o bem comum [...]"[26].

A noção de soberania é aspecto fundamental, pois dela decorre a legitimidade da Constituição em estabelecer diretrizes para toda a sociedade. Assim, a Constituição pode ser situada como o documento que estabelece a configuração política do Estado, por meio da manifestação da vontade geral.

Dessa forma, a ideia de contrato social corresponde a uma perfeita analogia aos documentos políticos-jurídicos da modernidade.

Contudo, conforme dissertado na introdução, os fatores reais de poder que ditam os rumos das cartas constitucionais se tornaram paulatinamente plurais. As demandas constitucionais, que anteriormente eram ligadas aos grupos econômicos e religiosos, passaram por um lento processo de abertura, acentuadas pelo recorte político no qual os indivíduos se inserem na atualidade.[27]

---

[25] ROUSSEAU, Jean-Jacques. *Do Contrato Social*. Tradução de Pietro Nasseti. 3. ed. São Paulo: Martin Claret, 2008. (Coleção obra prima de cada autor). p. 29.

[26] *Ibid.*, p. 36.

[27] As demandas dos indivíduos na atualidade transcendem a uma mera reprodução de seus interesses econômicos. O cidadão moderno é dotado de amplos interesses políticos, que variam entre expectativas econômicas e pontos de vista sociais. A redução acentuada da influência religiosa, em especial nos mais novos, explica, em parte, a diversidade que surgiu sob a ótica social, inclusive em grupos com poderio econômico exponencial. Por isso, apesar das bases econômicas

Assim, o pacto social moderno passou a ser dotado de um menor consenso e um maior embate entre grupos sociais antagônicos. E por que tal fenômeno ocorreu no plano constitucional?

A resposta já foi ventilada na introdução; contudo, merece uma pormenorização no próximo tópico, de maneira a explicar como a Constituição, a representante das vontades gerais (sim, no plural), tornou-se o principal e mais almejado instrumento jurídico para reprodução de ideias que buscam hegemonia política em nossa sociedade.

2.3 A normatividade constitucional como paradigma de dominação política

O Direito pode genericamente ser conceituado como "um conjunto de normas, ou regras de conduta"[28].

Contudo, as normas não devem ser confundidas com o enunciado normativo, na medida em que entre ambos existe uma cisão conceitual.[29] Em regra, os textos escritos, inclusive o Constitucional, possuem uma normatividade além de sua interpretação literal.

Conforme destaca Humberto Ávila:

> Normas não são textos nem o conjunto deles, mas os sentidos construídos a partir da interpretação sistemática de textos normativos. Daí se afirmar que os dispositivos se constituem no objeto da interpretação; e as normas, seu resultado. O importante é que não existe correspondência entre norma e dispositivo, no sentido de que sempre que houver um dispositivo haverá uma norma, ou

---

se manterem inalteradas, a diversidade do campo sociocultural tomou proporções colossais nas cartas constitucionais, em um antagonismo político claro.

[28] BOBBIO, Norberto. *Teoria da Norma Jurídica*. Apresentação Alaôr Caffé Alves; tradução de Ariani Bueno Sudatti e Fernando Pavan Baptista. 6. ed. São Paulo: Edipro, 2016. p. 25.

[29] ALEXY, Robert. *Teoria dos Direitos Fundamentais*. Tradução de Virgílio Afonso da Silva. 2. ed. São Paulo: Malheiros, 2017.

sempre que houver uma norma deverá haver um dispositivo que lhe sirva de suporte.[30]

Da constatação supracitada se infere que as normas são resultados de uma interpretação do texto normativo que lhe confere suporte. Contudo, tal interpretação não é despida de critérios objetivos sob as quais ela se assenta.

O próprio autor em seguida assevera que:

> Todavia a constatação de que os sentidos são construídos pelo intérprete no processo de interpretação não deve levar à conclusão de que não há significado algum antes do término desse processo de interpretação. Afirmar que o significado depende do uso não é o mesmo que sustentar que ele só surja com o uso específico e individual. Isso porque há traços de significados mínimos incorporados ao uso ordinário ou técnico da linguagem.[31]

Assim, as Constituições são fontes normativas que estipulam em seu corpo expectativas de condutas sociais, que se aplicam ao poder público e a terceiros, e que possuem seu conteúdo determinado pela interpretação de seus elementos em face dos códigos da linguagem usualmente utilizada pela sociedade.

É justamente isso que torna a Constituição uma fonte tão atrativa de disputas políticas no espaço público. Por meio da inserção de demandas no corpo constitucional, objetivos políticos não apenas se expressam em sua medida desejada, como também podem ser estendidos mediante um processo argumentativo de interpretação.

A partir do momento em que o paradigma hodierno da supremacia da Constituição passou a exercer ampla influência, principalmente no Direito privado, o plano de disputa de inte-

---

[30] ÁVILA, Humberto. *Teoria dos Princípios*: da definição à aplicação dos princípios jurídicos. 18. ed. São Paulo: Malheiros, 2018. p. 50.
[31] ÁVILA, 2018, p. 52.

resses públicos se intensificou demasiadamente em razão de sua capacidade de determinação social.

Nas palavras de Max Weber:

> A lei existe quando há uma probabilidade de que a ordem seja mantida por um quadro específico de homens que usarão a força física ou psíquica com a intenção de obter conformidade com a ordem, ou de impor sanções por sua violação. A estrutura de toda ordem jurídica influi diretamente na distribuição do poder, econômico ou qualquer outro, dentro de sua respectiva comunidade.[32]

Ora, da constatação de que o Direito é capaz de influenciar diretamente na distribuição de poder, aliado à concepção pluralista das Constituições como fonte de pactos sociais modernos, decorre o amplo processo de intensificação das disputas políticas no plano jurisdicional.

A concepção moderna dos pactos sociais, conforme defendida no tópico anterior, impulsionou o desenvolvimento da ideia weberiana de autoridade jurídico- nacional, transformando, assim, a ordem constitucional em uma estrutura confiável e integradora.[33]

Contudo, esse amplo e vitorioso processo de disputas políticas por meio de conceitos jurídicos só foi possível devido ao fato de que as normas jurídicas, inclusive as normas constitucionais, são determinadas e imperativas em razão de uma sanção externa e institucionalizada.[34]

Tal sanção se viabiliza atualmente pelos métodos de controle de constitucionalidade; resultando, inclusive, na declaração de

---

[32] WEBER, Max. *Ensaios de Sociologia*. Organização e introdução de H. H. Gerth e C. Wright Mills; Tradução de Waltensir Dutra; Revisão técnica de Prof. Fernando Henrique Cardoso. 5. ed. Rio de Janeiro: LTC, 2008. p. 126.

[33] MORRISON, Wayne. *Filosofia do Direito*. Tradução de Jefferson Luiz Camargo. 2. ed. São Paulo: Martin Fontes, 2012.

[34] BOBBIO, Norberto. *Teoria do Ordenamento Jurídico*. Tradução de Ari Marcelo Solon; Prefácio de Celso Lafer; Apresentação de Tercio Sampaio Ferraz Junior. 2. ed. São Paulo: Edipro, 2014.

nulidade de ato legislativo que viole formalmente ou materialmente a Constituição.[35]

Consequentemente, a doutrina do *judicial review* potencializou a judicialização dos processos de dominação ínsitos à política.

Se a todos a Constituição obriga, inclusive para com as leis posteriores que são desenvolvidas pelos representantes eleitos, o documento magno se torna o principal alvo de hegemonização de ideais políticos e ideológicos.

Essa constatação é de fundamental importância, posto que, como destacado na introdução do presente livro, as alterações constitucionais nem sempre vêm ocorrendo por meio do devido processo legislativo que a própria Constituição impõe.

2.4 A função política da Constituição

Assim, constata-se que as Constituições, vistas como o pacto social moderno e plano de disputas políticas, inserem-se em um contexto em que exerce nítida função política, qual seja, a de estabilizar as expectativas sociais sobre determinados assuntos.

Dessa forma, o documento magno assume uma dualidade de faceta curiosa.

Se a Constituição escrita possui um nítido caráter dominante, visando estabelecer ideias de determinados grupos como cogente, obrigando, inclusive, ao legislador infraconstitucional; ao mesmo passo, com a inserção de múltiplos atores no debate constitucional, passou ela também a estabilizar as relações entre tais grupos, na medida em que tal documento estabelecia as regras formais pela qual a política seria exercida, bem como as garantias mínimas que iriam assegurar direitos básicos a todos.

Dentro de tal contexto, visando evitar a todo custo a autofagia constitucional pelos atores políticos, a Carta Magna introduziu em seu corpo um sistema de perdas e ganhos que tornasse

---

[35] BARROSO, Luís Roberto. *O controle de Constitucionalidade no Direito Brasileiro*. 5. ed. São Paulo: Saraiva, 2011.

o processo democrático como um objetivo tangível e, ao mesmo tempo, previsível.

Tal sistema de perdas e ganhos pode ser explicado por meio de garantias mínimas que institucionalizam uma concepção, mesmo que inconsciente, de "reciprocidade política".

Se determinados grupos possuem prerrogativas garantidas, mesmo que a Constituição não reflita, em parte, suas acepções de sociedade, ainda assim tais grupos terão motivos suficientes para defenderem a garantia e execução da Constituição. Assim, as Constituições assumem uma nítida função conservadora, ao garantir que rupturas políticas sejam preteridas pela certeza dos direitos constitucionalmente assegurados, mesmo que poucos.

Dissertando a respeito da função estabilizadora, Jürgen Habermas aponta:

> Na ótica da função estabilizadora de expectativas, o direito apresenta-se como um sistema de direitos. Os direitos subjetivos só podem ser estatuídos e impostos através de organismos que tomam decisões que passam a ser obrigatórias para a coletividade. E, vice-versa, tais decisões devem a sua obrigatoriedade coletiva à forma jurídica da qual se revestem. *Esse nexo interno do direito com o poder político* reflete-se nas implicações objetivas e jurídicas do direito subjetivo, consideradas mais acima.[36]

De tal forma, ao passo que o Direito assume feições de pacificação política e de ponderação de diversos interesses sociais, sua legitimidade passa a ser oriunda do processo que lhe dá vida, posto que é justamente o processo democrático que garante a aceitação de determinadas mudanças jurídicas que terão impacto na percepção social sobre determinados assuntos.

---

[36] HABERMAS, Jürgen. *Direito e democracia*: entre facticidade e validade. Tradução de Flávio Beno Siebeneichler. 2. ed. Rio de Janeiro: Tempo Brasileiro, 2003. p. 170. v. 1.

Contudo, uma vez que a Constituição estabiliza as expectativas sociopolíticas de um determinado conjunto de pessoas, ela também estabelece uma série de narrativas a respeito de papéis e funções sociais a serem exercidos pelos mais variados atores políticos que permeiam a sociedade ao qual ela dá normatividade.

Tal função política é conceituada por José Afonso da Silva como:

> Em sentido ideal, a constituição identifica-se com certo conteúdo político e social, tido como ideal; nesse caso, só existirá constituição quando um documento escrito corresponder a certo ideal de organização política, adotando determinadas ideologias e soluções, consideradas como as únicas legítimas.[37]

Assim, o cerne da função política das Constituições modernas congloba a necessidade de estabilizar as relações intrinsecamente conflitantes oriundas da política, como a determinação de uma narrativa prévia que legitime o modelo político adotado pelo constituinte originário na elaboração do documento maior.

Trata-se, portanto, de uma tentativa de consolidar os fatores reais do poder[38] que vigiam à época da elaboração da Constituição, garantindo a legitimidade e a conservação de determinados direitos ou status políticos a alguns grupos; direitos estes que só poderiam ser modificados mediante o processo legislativo prévio e adequado.[39]

De tal forma, nítido se torna que a constituição exerce, entre várias funções, uma eminentemente política, visando estabilizar as expectativas políticas por meio da criação de prévias narrativas constitucionais.

---

[37] SILVA, 2015, p. 27.
[38] LASSALE, 2015.
[39] É bom lembrar que alguns desses direitos/status se encontram sob o manto das cláusulas pétreas, e, em função disso, nem mesmo mediante o processo legislativo constitucional poderiam ser alterados, necessitando de uma ruptura institucional para que fossem suprimidos.

Tais narrativas, como já citadas, podem sofrer alterações mediante o processo conveniente que readeque as relações de poder para os fatores reais que vigem à época de sua alteração, em que pese o fato de que nem todos os fatores possam ser modificados por disposição expressa da própria carta magna.

Assim, os diversos atores sociais se encontram legitimados para propor mudanças no ordenamento, que, como já analisado anteriormente, dando-se no plano constitucional, elas acarretam em implicações para o sistema jurídico como um todo. E é justamente o sistema democrático e a legitimidade pluralística para participar do processo de mudança que garantem que os envolvidos irão respeitar o resultado final da elaboração, posto que todos, mesmo que apenas formalmente, tiveram a chance de influir no processo legislativo em questão.

Aliás, em linha semelhante, Habermas anota:

> [...] o direito à positivação política autônoma do direito concretiza-se, finalmente, em direitos fundamentais que criam condições para iguais pretensões à participação em processos legislativos democráticos. Estes têm que ser instaurados com o auxílio do poder politicamente organizado.[40]

Destarte, verifica-se a criação de um sistema constitucional e político lógico.

A constituição coaduna em seu âmago diversos interesses que, com o advento das sociedades plurais, passaram a ser das mais variadas ordens.

Assim, a função eminentemente de dominação de tal documento jurídico transmutou-se paulatinamente para uma função de estabilizar as expectativas políticas de grupos antagônicos, ao mesmo tempo que estabelecem narrativas prévias que dão legitimidade para determinadas relações de poder e dominação existentes.

---

[40] HABERMAS, 2003, p. 171.

No entanto, ao inserir-se em um contexto democrático e com regras de processo legislativo regulamentados, as existências de tais narrativas de dominação se legitimam pela possibilidade de participação da pluralidade de atores existentes na sociedade brasileira.

Todavia, a questão que hodiernamente se coloca é a respeito da atuação de tribunais, em especial o Supremo Tribunal Federal, na interpretação e aplicação da Constituição.

Com as constatações expostas, tornou-se evidente que o grau de modificação e utilização da Constituição como instrumento político varia de acordo com o tamanho e o poder econômico e político do grupo interessado.

Com isso, diversos grupos têm recorrido ao Judiciário visando readequar a realidade constitucional, não por meio do devido processo legislativo, mas com supedâneo na ideia de interpretação de normas constitucionais, alicerçando sua argumentação, predominantemente, em conceitos jurídicos indeterminados e técnicas hermenêuticas modernas.

Essa busca incessante dos fatores reais do poder pelo monopólio da narrativa constitucional, agora tendo como o meio condutor o Poder Judiciário, acaba acarretando em uma série de problemas práticos.

Se a legitimidade das narrativas constitucionais deriva de sua possibilidade de mutação e interferência, mediante o processo legislativo democrático, quais são os impactos da atuação do Judiciário, com sua pretensa função contramajoritária, ao redefinir as bases da Constituição que configuram o pacto social moderno?

Como alerta Campilongo, apoiando-se em grandes pensadores:

> Quando o sistema político se confunde com os sistemas econômicos e jurídicos; quando há sobreposição de funções entre os sistemas; quando a diferenciação funcional encontra resistência em estruturas hierárquicas, o poder passa a ter donos

– como diz RAIMUNDO FAORO - e a democracia transforma-se num lamentável mal- entendido – na crítica de SÉRGIO BUARQUE DE HOLANDA. A democracia representativa só é realizável num contexto em que política, economia e direito são plenamente diferenciados.[41]

Assim, a atuação do judiciário de maneira a transformar a sociedade como se pretende, por meio dos "métodos alternativos" encontrados, é preocupante, ante as considerações e indagações já realizadas.

Entretanto, para responder às críticas postas, é necessário, antes, estudar o principal meio que vem sendo utilizado pelos tribunais para justificar a readequação das bases constitucionais preestabelecidas: a interpretação constitucional.

---

[41] CAMPILONGO, Celso Fernandes. *O Direito Na Sociedade Complexa*. Apresentação de Rafaele De Georgi. São Paulo: Max Limonad, 2000. p. 74.

3

HERMENÊUTICA CONSTITUCIONAL: O AVANÇO DO NEOCONSTITUCIONALISMO

Analisada a função política da Constituição, bem como as particularidades que a permeiam, cumpre a este capítulo analisar como o Poder Judiciário tem modificado a superestrutura constitucional, redimensionando de tal forma determinadas relações de poder e dominação, mesmo que isso implique solapar o devido processo legislativo.

Para cumprir tal objetivo, a interpretação — enquanto fenômeno jurídico e político — será dissecada, buscando demonstrar a correlação de sua utilização com as práticas dos tribunais.

3.1 A história da interpretação jurídica e suas particularidades

A linguagem nada mais é do que um reflexo do mundo real, consubstanciada em um instrumento comunicativo próprio desenvolvido pelo ser humano.

Assim, as percepções desenvolvidas no decorrer da história nos ajudam a significar determinadas palavras (símbolos) de maneira a exprimir seu conteúdo mínimo.

A respeito de tais significados ordinários atribuídos às palavras, Humberto Ávila já escrevia:

> Wittgenstein refere-se aos *jogos de linguagem*: há sentidos que preexistem ao processo particular de interpretação, na medida em que resultam de estereótipos de conteúdos já existentes na comunidade linguística geral. Heidegger menciona o *enquanto hermenêutico*: há estruturas de compreensão exis-

tentes de antemão ou *a priori*, que permitem a compreensão mínima de cada sentença sob certo ponto de vista já incorporado ao uso comum da linguagem.[42]

Dessa forma, a expressão clássica "Conhece-te a ti mesmo e conhecerás o universo dos deuses"[43] pode ser transmutada hodiernamente, na tentativa de significar a priori a linguagem, como "Conhecei a sua história e conhecerás o universo dos significados que lhe rodeiam".

À vista disso, para se estudar hermenêutica, primeiramente é necessário entender o significado da palavra.

Na mitologia grega, Hermes era qualificado como o responsável por transmitir as mensagens dos deuses do Olimpo, sendo considerado o patrono da comunicação e precursor da linguagem escrita.

Assim, o verbo grego *hermēneuein*, que possui o significado de *declarar, interpretar, esclarecer*, deu origem ao termo moderno cunhado de hermenêutica.[44]

Destarte, interpretar não significa criar, mas tão somente esclarecer.

Carlos Maximiliano, em suas saudosas lições, iniciou em solo pátrio os estudos a respeito da ciência da interpretação jurídica[45], aduzindo:

---

[42] ÁVILA, 2018, p. 52. Grifos do autor.

[43] Frase atribuída originalmente a Sócrates.

[44] "Interpretar é explicar, esclarecer; dar significado de vocábulo, atitude ou gesto; reproduzir por outras palavras um pensamento exteriorizado; mostrar o sentido verdadeiro de uma expressão; extrair, de frase, sentença ou norma, tudo o que na mesma se contém" (MAXIMILIANO, Carlos. Her*menêutica e aplicação do Direito*. 21. ed. Apresentação de Alyson Mascaro. Rio de Janeiro: Forense, 2017. (Fora de Série). p. 9).

[45] A doutrina mais moderna não se afasta tanto. Gilmar Ferreira Mendes e Paulo Gustavo Gonet Branco (2016, p. 79) escrevem: "A atribuição de sentido a um preceito constitucional é atividade marcada por considerável potencial de efeitos vários sobre a ordem jurídica e sobre o quotidiano dos indivíduos. A atividade destinada a descobrir o sentido de uma Constituição, que proclama valores a serem protegidos, seguidos e estimulados pelos poderes constituídos e pela própria sociedade, assume inescondível relevo para a vida social e para a definição do Direito. Na realidade, não se

> A Hermenêutica Jurídica tem por objeto o estudo e a sistematização dos processos aplicáveis para determinar o sentido e o alcance das expressões do Direito. As leis positivas são formuladas em termos gerais; fixam regras, consolidam princípios, estabelecem normas, em linguagem clara e precisa, porém ampla, sem descer a minúcias. É tarefa primordial do executor a pesquisa da relação entre o texto abstrato e o caso concreto, entre norma jurídica e o fato social, isto é, aplicar o Direito.[46]

Contudo, é necessário destacar que a interpretação e a aplicação do Direito não se confundem, na medida em que ambas possuem objetos e técnicas distintas[47], apesar de possuírem uma relação simbiótica.

A respeito de tal correlação, Jorge Miranda já escreveu:

---

busca um sentido para uma norma senão com o objetivo de conformar a vida social; a interpretação da Constituição 'só faz pleno sentido posta ao serviço da aplicação' e não se cogita de aplicação sem interpretação. O trabalho de interpretar a Constituição, portanto, integra o esforço de aplicar uma norma constitucional, o que leva Konrad Hesse a concluir que 'a interpretação constitucional é concretização'". Alinhado de maneira mais vertiginosa com o direito europeu, José Adércio Leite Sampaio (2013, p. 409) comenta a respeito do trabalho do intérprete: "O intérprete em Direito tem hierarquia e autoridade institucionalizada, de modo que a sua interpretação se torna explicitamente um ato de conhecimento (intelectual) e de vontade (uma decisão tomada por autoridade competente), que interfere na vida das pessoas e da sociedade. Simultaneamente, o Direito impõe ao intérprete-decisor limitações de tempo e de informações, associadas à exigências técnicas (são as normas do Direito vigente que devem ser interpretadas, segundo uma argumentação reconhecida como válida pela comunidade jurídica) e democráticas (a interpretação deve respeitar os parâmetros impostos pelo texto normativo promulgado pelo legislador eleito), para resolver uma questão concreta entre partes que, por seu turno, formulam pretensões e interpretações conflitantes". Eros Roberto Grau também asseverou: "os juízes completam o trabalho do autor do texto normativo. A finalização desse trabalho é necessária em razão do próprio caráter de interpretação, que se expressa na produção de um novo texto (a norma) a partir de um primeiro texto (a Constituição, uma lei, um regulamento ou um regimento). Em outros termos: os juízes produzem direito em e como consequência do processo de interpretação. A interpretação é transformação de uma expressão (o texto) em outra (a norma). Nesse sentido, o juiz produz direito (isto é, a norma)" (GRAU, Eros Roberto. *Por que tenho medo dos juízes*: a interpretação/aplicação do direito e os princípios. 9. ed. São Paulo: Malheiros, 2018. p. 27).

[46] MAXIMILIANO, 2017, p. 1.

[47] "A aplicação do Direito consiste no enquadrar um caso concreto à norma jurídica adequada. Submete às prescrições da lei uma relação da vida real; procura e indica o dispositivo adaptável a um fato determinado. Por outras palavras: tem por objeto descobrir o modo e os meios de amparar juridicamente um interesse humano" (Maximiliano, 2017, p. 6).

> Há sempre que interpretar a Constituição como há sempre que interpretar a lei. Só através desta tarefa se passa da leitura política, ideológica ou simplesmente empírica para a leitura jurídica do texto constitucional, seja ele qual for. Só através dela, a partir da letra, mas sem se parar na letra, se encontra a norma ou o sentido da norma. Não é possível aplicação sem interpretação, tal como esta só faz pleno sentido posta a serviço da aplicação.[48]

No entanto, nos primórdios da sistematização da ciência hermenêutica, tornou-se ponto pacífico a ideia de que o intérprete seria responsável por aclarar o texto da lei, e tão somente isso, fundamentando, inclusive, o secular brocardo *"in claris cessat interpretatio"*[49].

Dessa maneira, dentro de tal pensamento embrionário desenvolveu-se uma série de paradigmas teóricos visando sistematizar o processo interpretativo.

No século XIX, a Escola da Exegese e a Jurisprudência dos Conceitos se destacaram pela construção de um modelo *sintático-semântico*, enfatizando a unisingularidade que permeavam os textos jurídicos locais.[50]

Contudo, aquele que se destacou e perdurou até metade do século passado pode ser descrito como positivismo normativista, situando-se em um modelo *semântico-sintático*[51], que para melhor clareza será conceituado no presente livro apenas como positivismo.

O positivismo jurídico clássico pode ser descrito como uma teoria que defende que "uma norma é justa somente se for válida"[52].

Em linhas esparsas, o positivismo pode ser aglutinado como um processo interpretativo em que:

---

[48] MIRANDA, 2015, p. 321-323.
[49] Em tradução livre: "Em claro, cessa a interpretação".
[50] VASCONCELLOS, Fernando Andreoni. *O conceito de derrotabilidade de norma jurídica*. Curitiba: Universidade Federal do Paraná, 2009.
[51] *Ibid*.
[52] BOBBIO, 2016, p. 58.

> O juiz não pode criar normas gerais, mas cria direito ao criar normas individualizadas. O juiz não legisla nem suplementa a lei, mas, dentro do espaço sinalizado pela lei, autodetermina-se. Eis a interpretação. Todo espaço da dinâmica jurídica é *aplicação* em relação às normas gerais que o fundamentam, mas é *criação* em relação às normas inferiores que fundamenta. Daí que, assim como o legislador aplica a Constituição quando legisla, o juiz quando decide aplicar a lei, criando, porém, dentro dela, uma norma individualizada. Eis o fundamento lógico da interpretação judicial.[53]

Como se percebe, o positivismo jurídico, dominante até o quarto final do século passado, nem de longe se assemelha ao positivismo exegético que muitos atribuem falsamente ao pensamento de Kelsen.[54]

---

[53] GRAU, 2018, p. 29.

[54] Conforme proposto por Lenio Streck, em referência a Bobbio, o positivismo ao qual o imaginário se refere, quando o qualifica em mera aplicação por subsunção do direito posto, é doutrinariamente classificado como positivismo ideológico, devendo o Direito, com base em tal corrente, ser aplicado independentemente de seu conteúdo. Não obstante, cumpre transcrever pequena passagem de seu livro Crítica Hermenêutica do Direito, onde estabelece-se críticas contundentes a respeito de tal leitura errônea a respeito de Kelsen: "Eis aqui um ponto que, no âmbito do peculiar sincretismo que domina o pensamento jurídico brasileiro, gera grande perplexidade. Geralmente, procura-se aplicar a Kelsen um tipo de pecha que o colocaria como defensor deste positivismo primitivo caracterizado por esta ideologia (na medida em que sua obra supostamente pregaria uma espécie de aplicação, cega de valores, do direito positivo). Todavia, esse tipo de interpretação só pode ser feita por alguém que possua algum tipo de domínio vulgar da teoria do direito. Nesse caso, é sempre necessário lembrar que, em Kelsen, operamos com dois níveis: o da ciência do direito e o do direito, das práticas jurídicas. Kelsen nunca afirmou que os órgãos aplicadores do direito tinham o dever - moral – de decidir segundo as regras vigentes. O comando determina a redução da atividade do jurista à descrição das normas jurídicas, adequadas a uma norma hipotética fundamental pressuposta, é de natureza epistemológica e aplica-se, como tal, apenas a ciência do direito. Esse é o busílis da teoria Kelsiana" (STRECK, Lenio. *Lições de Crítica Hermenêutica do Direito*. 2. ed. Porto Alegre: Livraria do Advogado, 2016. p. 21). Aliás, interessante notar que Kelsen admite, em sua Teoria Pura do Direito, a noção de discricionariedade por parte do intérprete, na medida em que o autor reconhece que o órgão jurisdicional tem a possibilidade de preencher a norma no momento da aplicação desta, sendo a interpretação judicial da norma jurídica um "problema de vontade" (STRECK, Lenio. *Verdade e Consenso*: constituição, hermenêutica e teorias discursivas. 6. ed. São Paulo: Saraiva, 2017. p. 110). Isto, por sinal, é declarado pelo professor Lenio como a "maldição" da tese de Kelsen, haja vista que este abandonou o problema central do Direito, qual seja, a interpretação concreta da norma individualizada (Streck, 2017, p. 111).

O positivismo exegético — cristalizado na figura de suas três principais vertentes: *a francesa, a alemã e a inglesa*[55] — há muito se encontra superado, sendo a discussão moderna a respeito da hermenêutica, inclusive constitucional, centrada na cisão entre positivismo normativista (de origem Kelsiana) e o pós-positivismo, posição teórica que será mais bem estudada em tópicos posteriores.

A interpretação, vista como processo metodológico[56], foi aos poucos sendo suplantada por novos métodos diante da expansão brutal dos diplomas normativos, cada vez mais genéricos, e, simultaneamente, diante do surgimento de novas demandas que visavam a uma regulamentação pelo Direito, aspirando a garantir a consecução de interesses das mais variadas ordens.

Desse modo, em que pese a supremacia do positivismo jurídico durante um longo período, sendo ele entendido como o ápice do controle das decisões jurisdicionais, acabou tal doutrina por sofrer severas críticas, impulsionando um novo movimento teórico a partir dos anos 70 do século XX.

Tal movimento se autodeclarou como *pós-positivista* e possui intrínseca relação com outro movimento contemporâneo, o *neoconstitucionalismo*.

Como se nota, mesmo quando o positivismo normativista de matriz kelsiana imperava sem restrições, as questões a respeito da discricionariedade hermenêutica e atuação política do Poder Judiciário já se colocava em voga.

---

[55] STRECK, 2017, p. 34.

[56] "A interpretação jurídica, durante muito tempo, foi enxergada como um processo metodológico de descoberta do sentido do texto normativo. As palavras encapsulavam a verdade textual, a ser revelada por um intérprete racional, um terceiro imparcial, um sujeito-cientista-intérprete. Todo o estudo estava direcionado para o refinamento dos tais métodos. Que métodos? Para Savigny, da metade para o final do século XIX, eram quatro: o gramatical, que visava identificar o sentido vocabular do enunciado; o lógico, destinado a definir o seu sentido proposicional; o sistemático, que buscava o sentido coerente e global da palavra ou do enunciado dentro do ordenamento jurídico em sua integralidade; e o histórico, orientado para a busca do sentido genérico ou original dos enunciados. Os métodos de interpretação jurídica que já se tornaram clássicos, e que são mais mencionados em quase todos os livros do gênero, são: o gramatical (ou literal, especiosa, farisaica), o lógico-sistemático e o teleológico." (SAMPAIO, 2013, p. 410).

Outrossim, se a teoria que, por excelência (conforme a *praxe* doutrinária brasileira), teria o condão de limitar a esfera política de atuação dos juízes, já encontrava tormentoso terreno ao debater tal questão, com o surgimento de novas teorias que estimulavam uma postura criacionista do Judiciário, é possível imaginar o imbróglio que criou raízes no imaginário jurídico pátrio.

Portanto, para entender a redefinição paradigmática pela qual a concepção de hermenêutica jurídica (e constitucional) sofreu nas últimas décadas, faz-se necessário um estudo pormenorizado de ambos os fenômenos citados: o "pós-positivismo" e o "neoconstitucionalismo".

3.2 A hermenêutica constitucional contemporânea

Dentro da evolução histórica que vinha sendo desenhada, Rafael Vasconcellos aduz:

> Na segunda metade do século XX, a Teoria do Direito começou a considerar a interpretação do Direito como um problema de determinação semântica do sentido de textos jurídicos, condicionada pragmaticamente, em uma proposta chamada de "semântica- pragmática". As operações sintáticas serviriam à delimitação estrutural dos contornos lógicos-sistêmicos da interpretação, entretanto a tônica do processo hermenêutico recairia na busca do sentido normativo de textos jurídicos em contextos históricos específicos.[57]

Assim, o surgimento das teorias pragmáticas "significou para o Direito a elevação da importância do caso concreto e do papel do intérprete no processo de interpretação, duas características marcantes nas teorias hermenêuticas modernas"[58].

O positivismo normativista paulatinamente perdeu espaço, bem como a interpretação metodológica então dominante, recru-

---

[57] VASCONCELLOS, 2009, p 12.
[58] VASCONCELLOS, 2009, p. 15.

descendo nos espaços acadêmicos, com adesão dos tribunais às teorias hermenêuticas que moviam o objeto central da ciência da interpretação do texto para o sujeito que o interpreta.

Noutro giro, o texto da lei passou a ser considerado secundário[59], assumindo a Teoria do Direito um papel enfático na promoção do esclarecimento e aplicação do ordenamento jurídico.

A causa para tal fenômeno pode ser descrita por meio de dois processos distintos, porém complementares.

A necessidade de se interpretar nasce da obscuridade que permeia os significados linguísticos, bem como da existência de lacunas, tornando necessário a análise das leis com base em uma perspectiva mais ampla.

Dentre as lacunas principais que se encontram nos ordenamentos modernos, as chamadas "lacunas ideológicas" podem ser classificadas como fundamentais para se explicar a expansão do movimento que se autointitulou como "pós-positivista".

A respeito das lacunas ideológicas, Norberto Bobbio já nos ensinava:

> Entende-se por "lacuna" também a ausência não de uma solução, qualquer que seja, mas de uma solução *satisfatória*, ou, em outras palavras, não a ausência de uma norma, mas a ausência de uma *norma justa*, isto é, daquela norma que gostaríamos que existisse, mas não existe.[60]

E finaliza:

> Como essas lacunas derivam não da consideração do ordenamento jurídico como ele é, mas do confronto entre o ordenamento jurídico como ele é e deveria ser, foram chamadas de "ideológicas", para distingui-las daquelas que fossem encontradas no

---

[59] Importante frisar que a perda de relevância ao qual o texto se refere não importa na completa desmoralização do texto normativo no processo interpretativo, mas tão somente que a letra expressa da lei perdeu prioridade em muitas das análises hermenêuticas praticadas pelos tribunais.
[60] BOBBIO, 2014, p. 133. Grifos do autor.

ordenamento jurídico como é, e que podem ser chamadas de "reais".[61]

Aqui deve ser apontado o primeiro momento de diálogo entre o que foi escrito neste e no capítulo anterior.

Como se apontou no início deste estudo, as Constituições possuem uma função política, qual seja, de estabilizar as expectativas dos diversos grupos, ao mesmo tempo que legitima determinadas relações de poder e dominação por meio da criação de direitos subjetivos a diferentes atores políticos.

No entanto, a Constituição faz parte do ordenamento como um todo, o que leva à constatação óbvia de que esta também sofre com o problema das chamadas "lacunas ideológicas". Assim, quando determinados grupos não acreditam que as normas constitucionais, ou até mesmo infraconstitucionais — haja vista que estas se sujeitam àquelas —, não cumprem seu papel ideal, recorrem ao Judiciário para que este, por meio da interpretação, modifique o aspecto substancial da norma impugnada.

E é justamente dessa necessidade de se "corrigir" as lacunas ideológicas — jurisdição como pretensão de correção moral —, que nascem os métodos de interpretação contemporâneos, buscando ultrapassar os métodos tradicionais de se realizar a descoberta do texto.

Contudo, não bastasse o movimento de parcelas da sociedade visando alterar a percepção social sobre determinados temas por meio dos processos hermenêuticos jurídicos, nasce no meio acadêmico uma série de exposições que culminariam no avanço intelectual a respeito das teses contemporâneas de hermenêutica jurisdicional.

O processo pelo qual o meio acadêmico passou, e que acarretou na confluência entre aquilo que os tribunais acreditavam que era necessário e aquilo que se passou a ser desenvolvido no seio da comunidade intelectual jurídica, pode ser dividido em

---

[61] *Idem.*

dois marcos principais: a cisão entre texto normativo e norma; e a redefinição da noção de princípios.

3.2.1 A cisão entre a noção de norma e texto normativo

O primeiro avanço que acarretou no giro hermenêutico após a metade do século passado decorreu diretamente dos estudos acerca da Teoria Geral da Norma.

Dissertando sobre o tema, Humberto Ávila expôs:

> *Normas* não são textos nem o conjunto deles, mas os sentidos construídos a partir da interpretação sistemática de textos normativos. Daí se afirmar que os dispositivos se constituem no objeto da interpretação; e as normas, no seu resultado.[62]

Em linhas seguras, o emérito constitucionalista apenas abreviou aquilo que se desenvolveu no meio acadêmico fértil da segunda metade do século XX: o texto normativo não se sobrepõe à noção de norma jurídica.[63]

Ato contínuo do exposto, com a gradual desvinculação da noção de texto normativo e norma, tornou-se pressuposto da boa aplicação do Direito que o intérprete deslavasse a norma a partir do texto normativo.

Assim, a interpretação deixa de ser entendida como um mero instrumento de descoberta de sentido e passa a ser um instrumento que efetivamente cria norma, a partir da análise do texto normativo posto.

Nas palavras de Alexy:

> Isso faz com que fique claro que o conceito de norma é, em face do conceito de enunciado normativo, o conceito primário. É recomendável,

---

[62] ÁVILA, 2018, p. 50. Grifos do autor.
[63] "O importante é que não existe correspondência entre norma e dispositivo, no sentido de que sempre que houver um dispositivo haverá uma norma, ou sempre que houver uma norma deverá haver um dispositivo que lhe sirva de suporte" (ÁVILA, 2018, p. 50).

> portanto, que os critérios para a identificação de normas sejam buscados no nível da norma, e não no nível do enunciado normativo.[64]

A cisão aqui trabalhada acarreta em uma contraposição entre a dimensão legislativa e a dimensão normativa do Direito[65], sendo a última aquela que efetivamente mostrará qual a norma posta ao caso concreto.

Destarte, não havendo correspondência entre texto normativo e norma[66], e sendo a norma aquela que será aplicável ao caso particular na concretização do direito, por meio da interpretação, claro se torna que os procedimentos hermenêuticos tiveram, naturalmente, de sofrer uma melhora, com intuito de corresponder às expectativas daqueles que se dirigiam ao Judiciário na busca pela solução de problemas.

Assim, o intérprete passa a reconstruir o sentido da norma a partir do enunciado normativo.

> Essas considerações que apontam para a desvinculação entre o texto e seus sentidos também conduzem à conclusão de que a função da Ciência do Direito não pode ser considerada como mera descrição do significado, quer na perspectiva da comunicação de uma informação ou conhecimento a respeito de um texto, quer naquela da intenção de seu autor.[67]

Com isso, os juízes e tribunais passaram a possuir em mãos, com adesão intelectual, um amplo espaço para reconstruir as normas e solucionar as novas demandas que surgem a todo instante entre os grupos sociais emergentes.

Assim, a questão prática que impulsiona o movimento hermenêutico contemporâneo é aliar a interpretação do texto com

---

[64] ALEXY, 2017, p. 54.
[65] GRAU, 2018.
[66] ÁVILA, 2018.
[67] *Idem.*

sua aplicação ao caso particular, encontrando a norma adequada para propiciar uma solução justa para os envolvidos.[68]

Gilmar Mendes e Paulo Gustavo bem asseveram:

> A norma é produzida, pelo intérprete, não apenas a partir de elementos colhidos no texto normativo (mundo do dever-ser), mas também a partir de elementos do caso ao qual ela será aplicada, isto é, a partir de dados da realidade (mundo do ser).[69]

Dessa forma, a partir da cisão entre texto normativo e norma, e da necessidade de se reconstruir o sentido do texto normativo para se encontrar e aplicar a norma adequada ao caso concreto, o principal meio de condução das decisões judiciais passou a residir na *linguagem*.[70]

Dessa maneira, o problema a respeito da interpretação dos textos normativos deixa de ser um problema de método e passa a exprimir um problema linguístico.

Ávila bem escreve sobre o tema:

> De um lado, a compreensão do significado como o conteúdo conceptual de um texto pressupõe a existência de um significado intrínseco que independa do uso ou da interpretação. Isso, porém, não ocorre, pois o significado não é algo incorporado ao conteúdo das palavras, mas algo que depende precisamente de seu uso e interpretação, como comprovam as modificações de sentidos dos termos no tempo e no espaço e as controvérsias doutrinárias a respeito de qual o sentido mais adequado que se deve atribuir a um texto legal. Por outro lado, a concepção que aproxima o significado da intenção do legislador pressupõe a existência de um autor determinado e de uma vontade unívoca

---

[68] GRAU, 2018.
[69] MENDES; BRANCO, 2016, p. 81.
[70] "A norma, portanto, não se confunde com o texto, isto é, com seu enunciado, com o conjunto de símbolos linguísticos que forma o preceito. Para encontrarmos a norma, para que possamos afirmar o que o direito permite, impõe ou proíbe, é preciso descobrir o significado dos termos que compõem o texto e decifrar, assim, o seu sentido linguístico" (MENDES; BRANCO, 2016, p. 81).

> fundadora do texto. Isso, no entanto, também não sucede, pois o processo legislativo qualifica-se justamente como um processo complexo que não se submete a um autor individual, nem à uma vontade especifica. Sendo assim, a interpretação não se caracteriza como um ato de descrição[71] de um significado previamente dado, mas como um ato de decisão que *constitui* a significação e s sentidos de um texto.[72]

Tal mudança na perspectiva, sob a qual se assentam as discussões a respeito da hermenêutica jurídica, mostra-se fundamental para entender o principal processo que esta obra visa discutir: a utilização da interpretação e, consequentemente, da linguagem pelo Judiciário, para alterar a realidade constitucional e influenciar nos rumos políticos do país.

Não obstante, se a hermenêutica contemporânea fosse apenas influenciada pela cisão entre texto e norma, as discussões se estenderiam em um plano menos complexo.

Contudo, não foi o que ocorreu.

Concomitantemente ao processo de cisão, que originou a ideia de que o intérprete reconstrói o sentido da norma, uma nova reestruturação na teoria da norma amplificou os efeitos gerados pela nova perspectiva.

Não bastasse a constatação de que o intérprete é responsável por criar a norma no caso concreto, na aplicação do Direito individualizado, também surgiu uma nova distinção dentro da categoria de norma. Tal distinção, que será analisada a seguir, em conjunto com a reestruturação da noção de interpretação jurídica, explicará os movimentos "neoconstitucionalistas" e "pós-positivistas" que permeiam a teoria jurídica acadêmica atual.

---

[71] Nesse mesmo sentido, Eros Roberto Grau (2018, p. 33) prossegue: "Mas não é só, visto que - repito-o – a interpretação do direito é constitutiva, não simplesmente declaratória. Vale dizer: não se limita – a interpretação do direito – a ser mera compreensão dos textos, da realidade e dos fatos. Vai bem além disso".

[72] ÁVILA, 2018, p. 51.

3.2.2 A estrutura na norma: entre as regras e os princípios

A análise estrutural de norma é o segundo passo, como já dito, que compõe a hermenêutica moderna.

Enquanto a diferenciação entre texto e norma autoriza o intérprete a suplantar o pensamento tradicional de meramente declarar o texto, passando ele a atuar constitutivamente na produção do direito ao aplicá-lo no caso concreto, a reestruturação de norma ampliou os horizontes do hermeneuta em relação à qual norma aplicar e como aplicá-la.

Destaca-se, novamente, que a base das teorias hermenêuticas modernas se sustenta na noção de interpretação e aplicação do Direito.

Logo, o processo de interpretação (reconstrução do sentido normativo) e de aplicação (resolução de antinomias e seleção da norma aplicável ao caso) do Direito se une em um único momento, apesar de, insista-se, serem fenômenos distintos.

Porém, não se engane o leitor ao acreditar que um consenso jurídico se solidificou a respeito do tema.

A colocação pacífica de que os princípios, em especial os constitucionais, possuem normatividade própria e autônoma não foi capaz de unificar a classe jurídica em torno de um conceito geral da bipartição[73], tão aclamada na doutrina pátria e estrangeira.

Tomemos alguns exemplos.

Em seu aclamado *Curso de Direito Constitucional Tributário*, Roque Antonio Carraza defende:

> Princípio jurídico é um enunciado lógico, implícito ou explícito, que, por sua grande generalidade, ocupa posição de preeminência nos vastos quadrantes do Direito e, por isso mesmo, vincula, de

---

[73] Um pouco dissonante da doutrina majoritária, Eros Grau (2018, p. 24) escreve: "A esta altura desejo observar que princípio é um tipo de regra de direito. A afirmação de que seria mais grave violar um princípio do que violar uma norma consubstancia uma tolice".

modo inexorável, o entendimento e a aplicação das normas jurídicas que com ele se conectam.[74]

Esposando o critério da generalidade[75] como principal ponto de distinção entre os tipos de normas, Celso Antônio Bandeira de Mello deduz:

> Princípio [...] é, por definição, mandamento nuclear de um sistema, verdadeiro alicerce dele, disposição fundamental que se irradia sobre diferentes normas compondo-lhes o espírito e servindo de critério para sua exata compreensão e inteligência, exatamente por definir a lógica e a racionalidade do sistema normativo, no que lhe confere a tônica e lhe dá sentido harmônico.[76]

As lições dos autores mencionados não se distanciam muito do que Norberto Bobbio já escrevia a respeito da definição dos princípios gerais do Direito.[77]

Sem embargo, uma série de autores, liderados pelo alemão Robert Alexy, passaram a diferenciar princípios e regras, não em função da generalidade atribuída a cada tipo de norma, mas por meio de critérios substanciais, levando-se em conta a resolução de conflitos entre os diferentes tipos de normas.

O autor europeu, ao definir princípios, expõs célebre lição que há muito vem sendo reproduzida por nossos tribunais, apesar de, em sua ampla maioria, de maneira equivocada:

> O ponto decisivo na distinção entre regras e princípios é que princípios são normas que ordenam que

---

[74] CARRAZA, Antonio Roque. *Curso de Direito Tributário Constitucional*. 26. ed. São Paulo: Malheiros, 2010. p. 44-45.

[75] ALEXY, 2017.

[76] MELLO, Antônio Bandeira de. *Curso de Direito Administrativo*. 28 e. São Paulo: Malheiros, 2011, p. 948-949.

[77] O italiano escreveu em sua obra *Teoria do Ordenamento Jurídico* que: "Os princípios gerais, ao meu ver, são apenas normas fundamentais ou normas generalíssimas do sistema. O nome 'princípios' induz ao erro, de tal forma que é antiga questão entre juristas saber se os princípios gerais são normas. Para mim, não restam dúvidas: os princípios gerais são normas como todas as outras" (BOBBIO, 2014, p. 148).

> algo seja realizado na maior medida possível dentro das possibilidades jurídicas e fáticas existentes. Princípios são, por conseguinte, mandamentos de otimização, que devem ser satisfeitos em graus variados e pelo fato de que a medida devida de sua satisfação não depende somente das possibilidades fáticas, mas também das possibilidades jurídicas. O âmbito das possibilidades jurídicas é determinado pelos princípios e regras colidente.[78]

Enquanto as regras:

> [...] são normas que são sempre ou satisfeitas ou não satisfeitas. Se uma regra vale, então, deve se fazer exatamente aquilo que ela exige; nem mais, nem menos. Regras contém, portanto, *determinações* no âmbito daquilo que é fática e juridicamente possível. Isso significa que a distinção entre regras e princípios é uma distinção qualitativa, e não uma distinção de grau. Toda norma é ou uma regra ou um princípio.[79]

A distinção elaborada pelo autor citado foi em maior ou menor grau[80] aceita, bem como reelaborada a partir de críticas.[81]

No entanto, o ponto central que nasce da pacificação da bipartição do gênero norma é que o ordenamento jurídico passa por uma transformação de perspectiva de resolução de conflitos.

---

[78] ALEXY, 2017, p. 90.
[79] *Ibid.*, p. 91. Grifos do autor.
[80] FARIAS; ROSENVALD, 2014.
[81] Elaborando uma definição conceitual crítica, porém com fortes influências do autor alemão, Humberto Ávila (2018, p. 102) define: "As regras são normas imediatamente descritivas, primariamente retrospectivas e com pretensão de decidibilidade e abrangência, para cuja aplicação se exige a avaliação da correspondência, sempre centrada na finalidade que lhes dá suporte ou nos princípios que lhes são axiologicamente sobrejacentes, entre a construção conceitual da descrição normativa e a construção conceitual dos fatos. Os princípios são normas imediatamente finalísticas, primariamente prospectivas e com pretensão de complementariedade e de parcialidade, para cuja aplicação se demanda uma avaliação da correlação entre os estados de coisas a ser promovido e os efeitos decorrentes da conduta havida como necessária à sua promoção". Nesse mesmo sentido, na seara processual, ver: DIDIER JUNIOR, Fredie. *Curso de Direito Processual Civil*: introdução ao direito processual civil, parte geral e processo de conhecimento. 18. ed. Salvador: JusPodivm, 2016.

Ora, é natural que o ordenamento encontre normas que entram em rota de colisão, ante a pluralidade e expansão do Direito nos tempos atuais. Tal colisão é historicamente chamada de *antinomias*[82]. Os problemas suscitados pela existência das antinomias resolvem-se no plano da validade, por meio dos critérios tradicionais encarnados nos brocardos: *lex posterior derogat priori, lex superior derogat inferior* e *lex specialis derogat generali*.[83]

Contudo, a partir da distinção normativa de regras e princípios, o ordenamento passou a ter *antinomias* não apenas em relação aos critérios de validade das normas, mas também em relação à sua *espécie*.

Consequentemente, fez-se necessário que uma nova teoria a respeito da resolução de conflitos no plano normativo fosse desenvolvida, constatando-se que os critérios tradicionais não mais eram suficientes para a resolução dos dilemas jurídicos que nasciam.[84]

Para a solução dos conflitos normativos no plano dos gêneros (princípios e regras), o mesmo Robert Alexy desenvolveu teoria que viria a ser amplamente recepcionada pela jurisprudência e doutrina brasileira.[85]

Para o autor alemão:

> A diferença entre regras e princípios mostra-se com maior clareza nos casos de colisões entre princípios e de conflitos de regras. Comum às colisões entre princípios e aos conflitos entre regras é o fato de que duas normas, se isoladamente aplicadas, levariam a resultados inconciliáveis entre si, ou seja, a dois juízos concretos de dever-ser jurídico

---

[82] BOBBIO, 2014.

[83] *Ibid*.

[84] BARBA, Rafael Giorgio Dalla. *Nas fronteiras da argumentação: A discricionariedade judicial na teoria discursiva de Robert Alexy*. 2. ed. Salvador: JusPodivm, 2018. (Coleção Hermenêutica, Teoria do direito e Argumentação – Coordenador: Lenio Luiz Streck).

[85] É curioso destacar que o método de resolução de conflitos normativos proposto pelo autor foi melhor recepcionado e incorporado do que suas definições fundamentais de regras e princípios, que, em que pese serem esposadas por autores importantes, não encontra tanta utilização e louvor quanto o seu tradicional método calcado na proporcionalidade e ponderação.

contraditórios. E elas se distinguem pela forma de solução do conflito.[86]

Enquanto o conflito entre regras "somente poderia ser solucionado se se introduz, em uma das regras, uma cláusula de exceção que elimine o conflito, ou se pelo menos uma das regras for declarada inválida"[87], as colisões entre princípios "devem ser solucionadas de forma completamente diferente. Se dois princípios colidem [...], um dos princípios terá que ceder"[88].

Assim, devido ao caráter distinto *prima facie* dos princípios[89], ao se deparar com uma colisão de princípios, nenhum deles deverá ser declarado inválido, mas deverá o aplicador do Direito estabelecer relações de precedência incondicionada ou condicionada[90], que permita estabelecer qual princípio deveria ser aplicado ao caso concreto em detrimento do outro.

O estabelecimento das condições de precedência decorre da aplicação da famosa "máxima da proporcionalidade", em que, após análise da necessidade e adequação, seria, em um último momento, realizado a proporcionalidade em sentido estrito, aplicando o aclamado "sopesamento".[91]

Não cumpre aqui reproduzir todas as nuances da teoria do autor alemão. Contudo, o ponto crítico se estabeleceu.

O operador do Direito sai de uma concepção restritiva a respeito da função hermenêutica dos textos jurídicos e entra em um período em que a função do intérprete não apenas cumpre a função de criar as normas ao caso individualizado, como tal criação atua conjuntamente da aplicação do Direito, que passa a ser amparada em uma vertiginosa discricionariedade por parte do magistrado, que, valendo-se das concepções anteriormente descritas, passa a

---

[86] ALEXY, 2017, p. 91-92.
[87] *Ibid.*, p. 92.
[88] ALEXY, 2017, p. 93.
[89] *Ibid.*
[90] *Ibid.*
[91] *Ibid.*

criar normas para o caso concreto e aplicá-las com base em argumentações extremamente genéricas e não controláveis.

Dessa forma, os tribunais se deparam com possibilidades infinitas de argumentação, que lhes permitem prolatar absolutamente todo tipo de decisões, sem nenhum controle efetivo de cientificidade de tais conclusões jurídicas.

Curiosamente, em que pese o sentido clássico da palavra "hermenêutica" ser derivado do deus grego Hermes, é apenas com o advento das noções modernas de interpretação jurídica e aplicação do Direito que o operador efetivamente é alçado ao patamar de deus, ante a função primordial que o Direito, em especial a Constituição, possui nos contextos dos Estados Democráticos de Direito atuais.

Assim, a expansão da atuação subjetiva do intérprete na interpretação e aplicação do Direito, somado à aproximação de tais atos técnicos, torna a hermenêutica contemporânea um produto acadêmico extremamente útil para a alteração da composição política de uma determinada sociedade.

Com isso, as normas jurídicas passam a ser criadas pelo hermeneuta durante o processo de seleção das normas aplicadas[92] e da reconstrução dos sentidos de tais normas.

O exegeta contemporâneo não apenas reconstrói o sentido normativo do enunciado legislativo; ele também decide qual enunciado aplicar ou não ao caso individualizado.

Esse complexo processo de criação de normas por meio das noções hermenêuticas contemporâneas será melhor avaliado a seguir.

---

[92] Aqui é onde se destaca a aplicação das teorias relativas aos princípios e às regras que há pouco foi falado.

4

HERMENÊUTICA, POLÍTICA E SISTEMAS SOCIAIS

Neste momento do livro, é necessário abordar os pontos interseccionais do que foi exposto até então.

Como se analisou na primeira parte, as Constituições contemporâneas cumprem, entre outros papéis, uma indelineável função política. E nem poderia ser diferente.

Um documento que nasce a partir de um pacto político e se presta, fundamentalmente, a estruturar a organização e as limitações políticas do Estado que o acompanha, invariavelmente se imbricaria com as fundações políticas da sociedade que lhe deu origem.

Não obstante, confessar a existência de uma função política para a Constituição não pode e não deve ser confundida com banalizar ou compactuar com a erosão das instituições democráticas que se soerguem a partir do texto magno.

Uma vez que a Constituição se põe como vértice central da pirâmide normativa dos ordenamentos jurídicos contemporâneos, ela se descola do *animus* político encontrado nos parlamentos e executivos, adquirindo, de tal forma, autonomia científica e procedimental.

Assim, a Constituição, em que pese seu caráter eminentemente político, não se submete arbitrariamente aos comandos oriundos das instituições representativas, mas tão somente se faz alterável, quando possível, por meio de seu próprio procedimento; que, uma vez positivado no seio constitucional, passa a ser simultaneamente um procedimento jurídico em sua forma, norteado pelas opções políticas do momento.

Inclusive, a respeito da confluência entre o Direito e a política, Lenio Luiz Streck já apontava:

> A evolução da Teoria do Estado implica no surgimento da "politização" da Constituição. Do constitucionalismo liberal saltamos para a Teoria Material da Constituição. Este é o momento da imbricação entre Constituição e política. E o Estado Democrático de Direito é o *locus* privilegiado deste acontecimento.[93]

Cabe anotar, das reflexões realizadas, que a alteração da Constituição não se submete ao arbítrio da tirania das maiorias, devendo, antes de tudo, serem respeitados os procedimentos jurídicos que ela veicula.

É possível dizer, dessa forma, que a alteração da convenção constitucional é o momento de passagem daquilo que é político para aquilo que é jurídico, mediante a forma adequada, e se submetendo ao crivo repressivo do judiciário em sede de controle de constitucionalidade, seja difuso ou concentrado.

Contudo, como se apresentou na segunda parte da exposição realizada até o momento, o Judiciário, inflamado por sua intensa e desenfreada participação em decisões políticas, somando-se os diversos instrumentos doutrinários, em especial relativos à aplicação do Direito, tem, muitas vezes, realizado interpretações que agregam conceitos e valores que a priori não se encontram no corpo do texto maior.

Tais atitudes se justificam nas mais variadas ordens, conglobando-se com a defesa dos direitos humanos e sempre tangenciando o caráter contramajoritário da Constituição.

Sem embargo, é necessário apontar que tais incursões indevidas do poder judiciário no caráter substancial da Constituição não se finaliza em tarefa tão simples.

As democracias contemporâneas são marcadas por seu intenso caráter pluralístico e predatório.

---

[93] STRECK, Lenio Luiz. *Jurisdição constitucional e decisão jurídica*. 4. ed. São Paulo: Editora Revista dos Tribunais, 2014. p. 118.

Os mais variados grupos se sentem legitimados por meio do direito em exercer dominação sobre seus pares que convivem em sociedade.

Assim, como já destacado, a Constituição se torna um plano de disputa, no qual aquele que impuser sua narrativa tende, implacavelmente, a subjugar os demais.

Dentro de tal perspectiva, faz-se necessário analisar quais os impactos ou a legitimidade que o Judiciário possui para que, fazendo uso de suas atribuições interpretativas, tomem decisões em discussões que aprioristicamente deveriam ser relegadas para o plano da política, e quais os efeitos que tal visão totalitária[94] do Direito pode exercer sobre as posições políticas existentes e a autodeterminação da sociedade em dado momento histórico.

4.1 A interpretação jurídica como fonte de dominação social

Para se entender o poder de persuasão que as decisões jurídicas que interpretam a Constituição possuem no âmbito das relações sociais existentes, é necessário compreender o caráter transformador que o Direito adquiriu ao se tornar ponto central das instituições que balizam o Estado Democrático de Direito pós-revolucionário.

O fracasso retumbante das Constituições liberais[95] abriram espaços para Constituições que se preocupassem com diversas questões sociais, e não apenas com a estrutura de Estado e suas limitações.

---

[94] O termo "totalitário" aqui dever ser entendido como uma referência à completude que o ordenamento possui na visão do Judiciário brasileiro. Inadmitir que existem determinados temas fora da alçada da normatização da Constituição constitui, sem dúvida, um flagrante exemplo da incapacidade do Judiciário brasileiro em realizar uma autocrítica e se autoconter.

[95] Fracasso deve ser entendido como a incapacidade das Constituições liberais atenderem a todos os anseios e necessidades de determinado momento histórico. Isso não implica, contudo, que a experiência do constitucionalismo liberal tenha sido em vão, pelo contrário, posto que agregou diversos fundamentos e conceitos, tais quais os direitos fundamentais de primeira geração, que foram incorporadas ao avanço subsequente da doutrina majoritária do constitucionalismo.

Inicialmente, as Constituições liberais defendiam a tese de que a lei fundamental somente se prestaria a codificar aquilo que era fundamental para organização política do Estado.

A esse respeito, Carl Schmitt já dissertava:

> Si se quiere llegar a una inteligencia, hay que limitar la palabra "constitución" a Constitución del Estado, es decir, de la unidad política de un pueblo. En esta delimitación puede designarse al Estado mismo, al Estado particular y concreto como unidad política, o bien, considerando como una forma especial y concreta de la existencia estatal; entonces significa la situación total de la unidad y ordenación política.[96]

Dessa forma, tomou-se por muito tempo que apenas as normas que abordassem os aspectos relativos à ordenação política do Estado seriam normas de caráter fundamental.

Contudo, a visão liberal restou superada por um novo paradigma que enxergava a Constituição por um prisma completamente novo. Tal fenômeno estruturou-se sob a denominação de "constitucionalismo dirigente".

As Constituições dirigentes buscam estabelecer vinculações constitucionais que ultrapassem a ideia tradicional de limitação do poder político. Tal vinculação pode ser descrita como:

> A vinculação constitucional é uma vinculação através da fundamentação e não através de simples limites. Por outras palavras: a vinculação constitucional implica a determinação positiva dos actos legislativos pelas normas constitucionais.[97]

Inclusive, desenvolvendo o mesmo raciocínio, a doutrina nacional já interpelou a respeito do assunto:

---

[96] SCHMITT, Carl. *Teoría de la Constitución*. Tradução de Francisco Ayala; Apresentação de Francisco Ayala; Epílogo de Manuel Garcia-Pelayo. Madri: Alianza Editora, 2017. p. 35.

[97] CANOTILHO, José Joaquim Gomes. *Constituição dirigente e vinculação do legislador*. Coimbra: Coimbra Editora, 1994. p. 249.

> É de se notar, contudo, que, ultrapassado o momento histórico caracterizado pela preocupação predominante de conter o poder, o Estado foi levado a assumir novas funções e tarefas, que os desafios da História foram-lhe propondo como essenciais para a própria existência da comunidade política. [...]Dessa forma, a Constituição tem por meta não apenas erigir a arquitetura normativa básica do Estado, ordenando-lhe o essencial de suas atribuições e escudando os indivíduos contra eventuais abusos, como, e numa mesma medida de importância, tem por alvo criar bases para a convivência livre e digna de todas as pessoas, em um ambiente de respeito e consideração recíprocos. Isso reconfigura o Estado, somando-lhe às funções tradicionais as de agente intervencionista e de prestador de serviços.[98]

Consoante ao exposto, a redefinição paradigmática sofridas pelas funções essenciais da Constituição acarretou em diversas implicações para a sociedade.

No entanto, é necessário se questionar: em que pese a Constituição contemporânea ter um forte caráter intervencionista, como foi possível o Direito ascender de tal forma a condicionar a maneira como a sociedade observa as relações de poder e de dominação existentes? Quando foi que o caráter tradicional de dominação e subjugação exercido pelo Direito se transformou em um caráter transformador semelhante a um *soft Power*[99]?

Para se entender tal transformação, é necessário realizar uma breve explicação a respeito da teoria desenvolvida por Karl Marx e Friedrich Engels, cunhada como "materialismo histórico".

---

[98] MENDES; BRANCO, 2016, p. 56.

[99] *Soft power* é um termo oriundo da Teoria das Relações Internacionais que descreve a capacidade de um sujeito em interferir indiretamente no comportamento de outro sujeito por meios culturais ou ideológicos. No presente estudo, o *soft power* é empregado como a capacidade da lei em precisar alguns comportamentos das pessoas em uma determinada sociedade por meio de sua aplicação e interpretação.

O materialismo histórico é descrito pelos autores como o condicionamento da superestrutura ideológica, em que se situa o plano das ideias da sociedade, em relação à infraestrutura econômica, em que se situa a produção material da sociedade.[100]

Desenvolvendo o raciocínio a esse respeito, os autores colocam:

> A produção das ideias, das representações, da consciência está em princípio diretamente entrelaçada com a atividade material e o intercambio material dos homens, linguagem da vida real. O representar, o pensar, o intercâmbio espiritual dos homens aparece aqui ainda em direta exsudação do seu comportamento material.[101]

E complementam:

> A moral, a religião, a metafísica e toda outra ideologia, e as formas da consciência que lhes correspondem, não conservam assim por mais tempo a aparência de autonomia. Não tem história, não tem desenvolvimento, são os homens que desenvolvem a sua produção material e o seu intercâmbio material que, ao mudarem essa sua realidade, mudaram também o seu pensamento e os produtos do seu pensamento. Não é a consciência que determina a vida, é a vida que determina a consciência.[102]

Assim, partindo das premissas estabelecidas pelo materialismo histórico, o Direito seria uma mera manifestação ideológica existente na superestrutura ideológica, decorrente da infraestrutura econômica que condiciona a produção e aplicação das leis.[103]

No entanto, é necessário realizar uma releitura na concepção marxista tradicional.

---

[100] MARX, Karl; ENGELS, Friedrich. *A ideologia alemã*. Tradução de Álvaro Pina. São Paulo: Expressão Popular, 2009.
[101] MARX; ENGELS, 2009, p. 31.
[102] MARX; ENGELS, 2009, p. 32.
[103] PACHUKANIS, 2017.

Conforme a Constituição passou a intervir com mais autoridade nas relações sociais e econômicas existentes, o Direito, paulatinamente, passou a fazer parte da infraestrutura social juntamente à produção material.

Assim, os meios de produção material se juntaram aos meios de produção do Direito como os principais condicionantes da superestrutura ideológica.

Em alguma medida, inclusive, é possível se observar que o próprio Direito, em especial a Constituição, passou a ser um instrumento apto a acarretar modificações materiais na sociedade, seja em função de medidas legislativas, seja em função de medidas jurídicas tomadas pelos tribunais.

Dessa maneira, com a crescente interveniência da Constituição na vida material dos cidadãos de um determinado Estado, o Direito passou, inexoravelmente, a ser um alicerce da infraestrutura social.

Não obstante, não se engane o leitor em acreditar que o Direito moveu-se completamente da superestrutura ideológica para a infraestrutura social.

O ordenamento jurídico em sua grande maioria permanece sendo fruto das forças materiais que compõe a infraestrutura social, refletindo as concepções políticas de maiorias dominantes que produzem as normas.

Sem embargo, partes do Direito, em especial a parte relativa ao Direito Constitucional, passaram, também, a fazer parte da infraestrutura social, condicionando as ideias da superestrutura ideológica, incluindo as ideias jurídicas.

Assim, a Constituição condiciona não apenas o Direito infraconstitucional que se situa na superestrutura ideológica, mas também as demais relações sociais e de dominação, incluindo aspectos religiosos e culturais.

Tal fenômeno de migração das normas constitucionais dentro das estruturas sociais existentes, em especial após o surgimento da noção intervencionista dos diplomas constitucionais contemporâneos, explica em larga escala a modificação da Constituição, que não apenas passou a ser um campo de disputa de ideias políticas em busca da hegemonia, mas também se consolidou como um documento apto a influenciar na formação e no desenvolvimento das ideias existentes na sociedade ao qual ela organiza.

Assim, com o advento do "neoconstitucionalismo" e a ampliação e modificação da noção de interpretação e aplicação do Direito, os tribunais passaram a modificar a constituição por meio da hermenêutica e interpretação das normas.

Aliás, analisando a politização do Direito, José Adércio Leite Sampaio discorre:

> A reconstrução do direito, pelos neoconstitucionalistas, exigiu, de um lado, a valorização dos princípios como normas (constitucionalismo ou direito principiológico ou principialista) e, de outro, lançou a figura do juiz para o centro da separação dos poderes.[104]

Com isso, já é possível explicar plenamente o caráter dominante que a hermenêutica constitucional tem adquirido no constitucionalismo contemporâneo.

A Constituição, no momento em que passou a integrar a infraestrutura social, condicionando, portanto, a superestrutura ideológica, somado ao fato de que ela possui um intrínseco caráter político que lhe garantia a estabilização das relações políticas existentes, tornou-se um instrumento demasiadamente poderoso em sua capacidade de alterar a realidade material da sociedade submetida ao seu crivo.

No entanto, como tradicionalmente se defendeu, a Constituição somente poderia ser alterada por meio de um processo formal, democratizando o poder derivado desta, ao passo que apenas grupos democraticamente eleitos poderiam alterá-la, modificando consequentemente a sociedade que lhes elegeram.

---

[104] SAMPAIO, 2013, p. 185.

Não obstante, com o aumento desenfreado da atuação do judiciário em determinados tópicos políticos, bem como o desenvolvimento das teorias pós-positivista e do neoconstitucionalismo, em especial em relação à bipartição das normas em regras e princípios e sua aplicação, possibilitaram ao Poder Judiciário alterar por meio da hermenêutica e da aplicação das normas constitucionais o conteúdo material existente na carta magna.[105]

Assim, o Judiciário passou indiretamente a moldar a sociedade, mesmo sendo uma instituição eminentemente aristocrática.

Com isso, é possível observar que o neoconstitucionalismo e seus métodos desenvolvidos de interpretação e aplicação do Direito, sistematicamente, tornaram os exercícios democráticos e a autodeterminação da sociedade a respeito de temas sensíveis como algo secundário, passando a hermenêutica a possuir um intrínseco caráter de dominação.

Importante ressaltar que não se trata de advogar a impossibilidade de interpretação e aplicação da Constituição pelos tribunais, nem ignorar o caráter contramajoritário do Poder Judiciário.

O que se coloca em foco, é que em várias oportunidades o Judiciário ultrapassa os limites inerentes à interpretação e ignora os métodos de aplicação do Direito, em sua ânsia pela realização de uma suposta justiça social e progresso.

No mais, obviamente, espera-se que as determinações constitucionais sejam cumpridas, principalmente em face do caráter dirigente das Constituições contemporâneas; contudo, existe uma diferença brutal entre cumprir os comandos exarados do legislador constituinte (originário ou reformador) e o próprio Poder Judiciário "criar", por meio de interpretações jurídicas, tais comandos.

Tais constatações se fundam, predominantemente, nos problemas atuais encontrados na (in)compreensão dos tribunais pátrios a respeito da interpretação e aplicação das normas cons-

---

[105] A esse respeito, é interessante destacar a doutrina da mutação constitucional, que cristaliza a modificação substancial da Constituição por meio de argumentos jurídicos.

titucionais, gerando ações controvertidas que se travestem de fundamentações jurídicas.

Destarte, demonstra-se medida necessária para se avançar na análise do caráter dominante da hermenêutica contemporânea, uma breve explicação a respeito da controversa interpretação e aplicação do direito que os tribunais brasileiros vêm adotando.

4.2 *Leading Case* – A criminalização da homofobia por meio de analogia

Visando demonstrar o exposto no tópico anterior, necessário se faz abordar a temática desenvolvida até o momento em face de um caso paradigma recente.

O certame jurídico analisado no presente livro se refere às discussões a respeito da criminalização da homofobia travadas na ADO 26[106] e no mandado de injunção 4733[107], em que entidades da sociedade civil e partidos políticos solicitaram ao Supremo Tribunal Federal que declarasse a inexistência de criminalização no direito pátrio às condutas homofóbicas como inconstitucionais e, por analogia, considerasse crime tais fatos, ancorado nos crimes relativos à discriminação em função da raça e etnia.

No que se refere à decisão final, assim ficou redigido o voto vencedor da ação direta de inconstitucionalidade por omissão:

> O Tribunal, por unanimidade, conheceu parcialmente da ação direta de inconstitucionalidade por omissão. Por maioria e nessa extensão, julgou-a procedente, com eficácia geral e efeito vinculante, para: a) reconhecer o estado de mora inconstitucional do Congresso Nacional na implementação da

---

[106] BRASIL. *Supremo Tribunal Federal*. Poder Judiciário. Ação Direta de Inconstitucionalidade Por Omissão. ADO 26. Relator: Min. Celso de Mello. Brasília, DF, 20 fev. 2019a. Disponível em: htttp://portal.stf.jus.br/processos/detalhe.asp?incidente=4515053. Acesso em: 11 ago. 2019.

[107] BRASIL. *Supremo Tribunal Federal*. Poder Judiciário. Mandado de Injunção. MI 4733. Relator: Min. Edson Fachin. Brasília, DF, 13 jun. 2019b. Disponível em: http://portal.stf.jus.br/processos/detalhe.asp?incidente=4239576. Acesso em: 11 ago. 2019.

prestação legislativa destinada a cumprir o mandado de incriminação a que se referem os incisos XLI e XLII do art. 5º da Constituição, para efeito de proteção penal aos integrantes do grupo LGBT; b) declarar, em consequência, a existência de omissão normativa inconstitucional do Poder Legislativo da União; c) cientificar o Congresso Nacional, para os fins e efeitos a que se refere o art. 103, § 2º, da Constituição c/c o art. 12-H, caput, da Lei nº 9.868/99; d) dar interpretação conforme à Constituição, em face dos mandados constitucionais de incriminação inscritos nos incisos XLI e XLII do art. 5º da Carta Política, para enquadrar a homofobia e a transfobia, qualquer que seja a forma de sua manifestação, nos diversos tipos penais definidos na Lei nº 7.716/89, até que sobrevenha legislação autônoma, editada pelo Congresso Nacional, seja por considerar-se, nos termos deste voto, que as práticas homotransfóbicas qualificam-se como espécies do gênero racismo, na dimensão de racismo social consagrada pelo Supremo Tribunal Federal no julgamento plenário do HC 82.424/RS (caso Ellwanger), na medida em que tais condutas importam em atos de segregação que inferiorizam membros integrantes do grupo LGBT, em razão de sua orientação sexual ou de sua identidade de gênero, seja, ainda, porque tais comportamentos de homotransfobia ajustam-se ao conceito de atos de discriminação e de ofensa a direitos e liberdades fundamentais daqueles que compõem o grupo vulnerável em questão; e e) declarar que os efeitos da interpretação conforme a que se refere a alínea "d" somente se aplicarão a partir da data em que se concluir o presente julgamento, nos termos do voto do Relator, vencidos os Ministros Ricardo Lewandowski e Dias Toffoli (Presidente), que julgavam parcialmente procedente a ação, e o Ministro Marco Aurélio, que a julgava improcedente. Em seguida, por maioria, fixou-se a seguinte tese: 1. Até que sobrevenha lei emanada do Congresso Nacional destinada a implementar os mandados de criminalização definidos nos incisos XLI e XLII do art. 5º da Constituição da República, as condutas homofóbicas e transfóbicas, reais ou supostas, que envolvem aversão odiosa à orientação sexual ou à identidade de gênero de alguém, por traduzirem expressões de racismo, compreendido este em sua dimensão social, ajustam-se, por identidade de razão e mediante adequação típica, aos preceitos primários de incriminação definidos na Lei nº 7.716, de 08/01/1989, constituindo, também, na hipótese de homicídio doloso, circunstância que o qualifica, por configurar motivo torpe (Código Penal, art. 121, § 2º, I, "in fine"); 2. A repressão penal à prática da homotransfobia não alcança nem restringe ou limita o exercício da liberdade religiosa, qualquer que seja a denominação confessional professada, a cujos fiéis e ministros (sacerdotes, pastores, rabinos, mulás ou clérigos muçulmanos e líderes ou celebrantes das religiões afro-brasileiras, entre outros) é assegurado o direito de pregar e de divulgar, livremente, pela palavra, pela imagem ou por qualquer outro meio, o seu pensamento e de externar suas convicções de acordo com o que se contiver em seus livros e códigos sagrados, bem assim o de ensinar segundo sua orientação doutrinária e/ou teológica, podendo buscar e conquistar prosélitos e praticar os atos de culto e respectiva liturgia, independentemente do espaço, público ou privado, de sua atuação individual ou coletiva, desde que tais manifestações não configurem discurso de ódio, assim entendidas aquelas exteriorizações que incitem a discriminação, a hostilidade ou a violência contra pessoas em razão de sua orientação sexual ou de sua identidade de gênero; 3. O conceito de racismo, compreendido em sua dimensão social, projeta-se para além de aspectos estritamente biológicos ou fenotípicos, pois resulta, enquanto manifestação de poder, de uma construção de índole histórico- cultural motivada pelo objetivo de justificar a desigualdade e destinada ao controle ideológico, à dominação

> política, à subjugação social e à negação da alteridade, da dignidade e da humanidade daqueles que, por integrarem grupo vulnerável (LGBTI+) e por não pertencerem ao estamento que detém posição de hegemonia em uma dada estrutura social, são considerados estranhos e diferentes, degradados à condição de marginais do ordenamento jurídico, expostos, em consequência de odiosa inferiorização e de perversa estigmatização, a uma injusta e lesiva situação de exclusão do sistema geral de proteção do direito, vencido o Ministro Marco Aurélio, que não subscreveu a tese proposta. Não participaram, justificadamente, da fixação da tese, os Ministros Roberto Barroso e Alexandre de Moraes. Plenário, 13.06.2019.[108]

Em linha semelhante, assim ficou resolvido o mandado de injunção correlato:

> O Tribunal, por maioria, conheceu do mandado de injunção, vencido o Ministro Marco Aurélio, que não admitia a via mandamental. Por maioria, julgou procedente o mandado de injunção para (i) reconhecer a mora inconstitucional do Congresso Nacional e; (ii) aplicar, com efeitos prospectivos, até que o Congresso Nacional venha a legislar a respeito, a Lei nº 7.716/89 a fim de estender a tipificação prevista para os crimes resultantes de discriminação ou preconceito de raça, cor, etnia, religião ou procedência nacional à discriminação por orientação sexual ou identidade de gênero, nos termos do voto do Relator, vencidos, em menor extensão, os Ministros Ricardo Lewandowski e Dias Toffoli (Presidente) e o Ministro Marco Aurélio, que julgava inadequada a via mandamental. Plenário, 13.06.2019.[109]

Como é possível observar, os argumentos utilizados pelos magistrados se lastrearam predominantemente na proteção à dig-

---

[108] BRASIL, 2019a. Diário Oficial da União de 01/07/2019, p. 1, col. 1.
[109] BRASIL, 2019b, p. 282.

nidade da pessoa humana; bem como na interpretação extensiva do conceito de racismo (racismo social), para, ao fim, tipificar as condutas discriminatórias em função da sexualidade e gênero, nos termos das decisões transcritas.

O julgamento de ambas as ações demonstram de maneira inequívoca os conceitos invocados pelo presente estudo.

Como é cediço, a Constituição Federal veiculou diversos princípios em seu texto, referentes às garantias e prerrogativas criminais aos cidadãos da República Federativa do Brasil.

Entre aqueles que se destacam, cumpre assinalar a norma veiculada no art. 5ª, XXXIX, da Constituição, no qual se lê: "não há crime sem lei anterior que o defina, nem pena sem prévia cominação legal".[110]

Ora, trata-se do Princípio da Legalidade ou reserva legal, introduzido por nossa Constituição, visando demonstrar a importância da garantia fundamental do cidadão a uma tipificação expressa da conduta proibida, bem como o estabelecimento de uma pena previamente definida pelo legislador.

Abordando o tema, Rogério Greco preleciona:

> O princípio da legalidade vem insculpido no inciso XXXIX do art. 5º da Constituição Federal, que diz: não há crime sem lei anterior que o defina, nem pena sem prévia cominação legal – redação que pouco difere daquela contida no art. 1º Código Penal. É o princípio da legalidade, sem dúvida alguma, o mais importante do Direito Penal. Conforme se extrai do art. 1º do Código Penal, bem como do inciso XXXIX do art. 5º da Constituição Federal, **não se** fala na existência de crime se não houver uma lei definindo-o como tal (144, 2015).[111]

Prosseguindo em seu raciocínio, o autor elenca como funções do Princípio da Legalidade quatro dimensões[112]: a) proibição

---

[110] BRASIL. [Constituição (1988)]. Constituição da República Federativa do Brasil. Brasília, DF: Senado Federal, 2016.
[111] GRECO, Rogério. *Curso de Direito Penal: parte geral*. 17. ed. Rio de Janeiro: Impetus, 2015. p. 144.
[112] *Ibid*.

de retroatividade da lei penal; b) vedação de crimes e penas em função dos costumes; c) proibição da analogia *in malla parten*; d) necessidade de tipificação clara e determinada.[113]

Importante destacar que os ensinamentos referenciados se encontram consolidados no Direito pátrio de longa data.

Aliás, o próprio Supremo Tribunal Federal, em precedentes anteriores, manifestou-se no sentido de impossibilidade de tipificação penal por analogia.[114]

Contudo, diante da inércia do Poder Legislativo em atender às expectativas de determinados atores sociais, que buscavam a criminalização de condutas que eles acreditavam serem prejudiciais para seus grupos, o Poder Judiciário restou selecionado como plano de disputa para solução da controvérsia, ante a busca incessante pelos grupos partidários da possibilidade de criminalização por analogia, em subjugar o status jurídico prevalecente até então.

Despiciendo afirmar que tal disputa política chegou ao Supremo Tribunal Federal, que, uma vez provocado, manifestou-se a respeito do tema.

Contudo, observando-se atentamente os entendimentos firmados em julgados anteriores pela própria corte, bem como a dogmática jurídica penal e o texto expresso da Constituição, seria plausível presumir que, em que pese a possibilidade da corte maior, de fato, reconhecer a mora legislativa, ele jamais estaria autorizado a criminalizar as condutas em questão, haja vista a necessidade de lei e vedação à analogia em malefício da parte.

Entretanto, para surpresa e descontentamento da comunidade jurídica em parte, a corte maior, atendendo às demandas políticas de grupos minoritários, em completa dissonância com o texto constitucional, jurisprudência nacional e doutrina especializada, criminalizou as condutas consideradas homofóbicas, enquadrando-as como "racismo social" e aplicando por analogia a Lei n.º 7.716, de 08/01/1989.

---

[113] *Ibid.*
[114] Nesse sentido: ARE 0002957-28.2016.8.07.0006; HC 143890 SP – São Paulo; HC 148503 SP – São Paulo.

Como se analisou no início, as leis, e em especial a Constituição, possuem um eminente caráter político, tornando a interpretação de tais normas um espaço de conflitos políticos que buscam exercer dominação social mediante as normas.

Contudo, diante do avanço do Judiciário nos terrenos originariamente políticos, bem como a moderna Teoria da Norma e aplicação do Direito, que possibilitaram um imenso poder aos tribunais na hora de interpretarem e decidirem a norma de aplicação ao caso concreto, fez com que as práticas do Judiciário, incluindo-se o Supremo Tribunal Federal, iniciassem um processo de redução da pluralidade política e escolhas por parte dos representantes da sociedade.

Assim, partindo do pressuposto de que os tribunais e a interpretação da Constituição e das leis possuem uma função de correção moral, daquilo que o Judiciário acredita ser o correto, os princípios clássicos que alicerçam o Estado de Direito foram colocados em dúvida.

A hermenêutica jurídica, a partir de então, deixou de cumprir seu papel original de, por meio de métodos científicos, deslavar o significado das normas e aplicá-las em sua exata medida para, com base em valores abstratos e subjetivos, corrigir e condicionar aspectos da vida social que o Judiciário, em especial seus membros do alto escalão, porventura não concorde.

Desta feita, a hermenêutica passa a ser utilizada com propósitos políticos de dominação social.

E, veja, não olvida esse autor que a interpretação sempre terá um resultado político. Tal constatação se faz óbvia, haja vista que as normas constitucionais decorrem de uma escolha política do legislador.

Contudo, a interpretação da Constituição e das leis não comportam "qualquer" resultado político. Tendo em vista que o Direito possui um caráter científico e um método, bem como sua área relativa à interpretação e aplicação do Direito, é fundamental destacar que os processos interpretativos pelos quais os tribunais julgam os casos concretos possuem um resultado esperado e ideal.

Ou seja, os impactos políticos da interpretação e aplicação do Direito se condicionam às escolhas políticas do legislador; e sua conformidade com a Constituição Federal, que, por sua vez, condiciona-se às escolhas políticas do constituinte.

Entender tal dinâmica é necessário para a completa compreensão das noções de pluralismo político e democracia representativa.

Por conseguinte, as indagações que surgem a respeito do colacionado até o momento se concentram na legitimidade dos tribunais, em especial o Supremo Tribunal Federal, em condicionarem a sociedade por meio da interpretação constitucional e em quais os impactos de tais vetores para as democracias liberais.

É o que se passará a analisar.

5

A LEGITIMIDADE DA INTERPRETAÇÃO POLÍTICA-JURÍDICA EM FACE DA TEORIA DA SEPARAÇÃO DOS PODERES

Assentadas as premissas até o momento, cumpre realizar uma análise do exposto tendo em vista a separação dos poderes incitar ao ideal democrático.

Como é cediço e positivado no seio constitucional, a República opera em três grandes poderes distintos, que possuem autonomia e independência entre si.

Por óbvio, tal autonomia não se constitui de maneira absoluta; haja vista tal premissa impossibilitar qualquer noção de governabilidade, bem como se mostrar em descompasso com o sistema de relações de poderes construídos sob a égide da Constituição brasileira.

A separação dos poderes é parte fundamental do balanceamento e da composição do poder político que se manifesta de diversas formas.

Como dito anteriormente, o Direito, em especial as Constituições, possuem um nítido caráter e função política, tornando o Judiciário, tal qual o Legislativo e o Executivo, fonte de decisões políticas e interferência em assuntos sociais.

Não obstante, como já ressalvado nesta obra, não se pretende negar a existência de conteúdo político às normas de um determinado sistema constitucional, mas explorar os limites da interpretação e aplicação política do Direito, quando inseridas em um contexto democrático — no qual os poderes que exercem influências políticas sobre a sociedade possuem funções limitadas, possibilitando a coexistência não autofágica entre as instituições.

Partindo de tal contexto, o presente capítulo irá explorar as características do Princípio da Separação dos Poderes no Direito brasileiro e as violações decorrentes das interpretações e aplicações das normas constitucionais de maneira inadequada, como vem ocorrendo no Direito pátrio.

5.1 A separação dos poderes no Direito brasileiro

O Princípio da Separação de Poderes se desenvolveu predominantemente no período da idade moderna[115], destacando-se o movimento iluminista, e possuindo em Montesquieu seu principal expoente.

Dissertando a respeito do tema, Karina Badawi afirma:

> Vale destacar que, desde a antiguidade grega, com Aristóteles, foi assinalado o inconveniente da concentração dos poderes nas mãos de uma só pessoa, não apenas pelo fato de ser arriscado e perigoso, mas também porque dificilmente uma única pessoa conseguiria conhecer todas as necessidades dos governados e atendê-las.[116]

Desta feita, a divisão de poderes inicia sua caminhada visando combater a concentração de funções em instituições, ante a necessária fragmentação do poder político para seu efetivo controle.

Entretanto, com o avanço gradual da noção clássica de democracia, e a interseccionalidade entre política e Direito oriundo dos ideais do Estado Democrático de Direito, a concepção inicial de separação de poderes, enquanto redução de concentração de poder político, transformou-se em uma concepção pragmática de especialização do poder político, posto a existência de demandas específicas e cada vez maiores da sociedade, obrigando o Estado a se mobilizar para cumprir as promessas constitucionais que

---

[115] BADAWI, Karina Bonetti. *Separação dos poderes no Brasil e a teoria de Bruce Ackerman*. 2014. Tese (Doutorado em Direito Político e Econômico) – Universidade Presbiteriana Mackenzie, São Paulo, 2014.

[116] BADAWI, 2014, p. 15.

surgiram com o advento dos direitos fundamentais de segunda e terceira geração.

Contudo, ressalta-se que a teoria clássica sofreu severas críticas ao longo do tempo, seja por sua inaplicabilidade prática quando considerado a governança pública, ou sua incompatibilidade teórica com o aprimoramento dos estudos relacionados às relações institucionais e burocracia estatal.

> Tal incompatibilidade ocorre porque o Estado atual necessita de uma dinâmica própria, um sistema que atenda o imperativo de uma sociedade complexa. Isso porque o Estado tornou-se o centro da organização econômica, social e, por certo, política, da sociedade moderna, o que fez com que se despertasse para outra discussão: a eficiência ou, ainda, a eficácia de sua atuação.[117]

Nesse mesmo diapasão, conflui o ensinamento de Manoel Gonçalves Ferreira Filho:

> É preciso ter presente, todavia, que o judiciário tem limites quanto ao seu controle em relação aos atos de outros Poderes. O princípio da justicialidade enunciado no art. 5º, XXXV, não é absoluto. Os grandes juristas da Primeira República já reconheciam, afirmando a impossibilidade de o Judiciário examinar *questões políticas*.[118]

E complementa:

> A limitação acima referida decorre naturalmente da separação dos Poderes, mesmo que não se chegue ao extremo da doutrina francesa já acima mencionada. De fato, estabelecido que cada Poder é independente dos outros, que cada um tem competência própria, que exerce com exclusividade, a lógica proíbe que outro Poder se imiscua no seu campo, usurpando sua competência.[119]

---

[117] *Ibid.*, p. 18.
[118] FERREIRA FILHO, 2012, p. 152. Grifo do autor.
[119] *Ibid.*, p. 153.

Assim, é evidente que os preceitos oriundos da separação dos Poderes não cumprem o papel de defender uma separação rígida e absoluta, mas tão somente uma separação flexível e que possibilite boa governança pública.

O poder político estatal, portanto, coabita inúmeros órgãos e instituições, que se notabilizam pelo conjunto de competências e poderes funcionais descritos na própria Constituição.[120]

Assim, cabe ao Poder Legislativo a tarefa de legislar e fiscalizar[121]; ao Poder Executivo, os atos referentes às funções de governo e administração[122]; e ao Poder Judiciário, a missão de aplicar o Direito e resolver disputas jurídicas em nível concreto ou abstrato.

Por conseguinte, é fundamental que cada Poder respeite os limites dos demais, visando evitar disputas institucionais que coloquem em risco a própria democracia e o Estado de Direito.

E não olvida este estudo a existência de tensão entre as instituições que exercem poderes políticos em uma República. Obviamente, diante das especificidades estruturais intrínsecas aos entes políticos existentes, é inequívoco que os Poderes entrarão em confronto com frequência, visando à ocupação de determinados espaços públicos onde o ente político responsável se omitir.

É o que ocorre com frequência no Brasil diante das inexecuções em relação aos direitos sociais e proteção a grupos socialmente vulneráveis; sem embargo, esse avanço institucional, em grande parte das ocasiões, carece de legitimidade constitucional, criando uma situação *sui generis*: sob o argumento de concretização de preceitos constitucionais, o Judiciário, ao interpretar e aplicar o Direito vigente em desconformidade com os pressupostos metodológicos tradicionais, viola a própria Constituição, haja vista que a estruturação orgânica-funcional da Carta Maior impõe a separação funcional de poderes.

---

[120] MIRANDA, 2015.
[121] MENDES; BRANCO, 2016.
[122] *Ibid.*

Clareia-se ao debate uma proveitosa discussão a respeito da finalidade buscada pela jurisdição e os meios aplicados para tanto.

5.2 A inconstitucionalidade das interpretações políticas e seus impactos nas democracias contemporâneas

Para iniciar-se o estudo a respeito dos limites da atividade jurisdicional, e a violação ao Princípio da Separação dos Poderes em casos inadequados de interpretação e aplicação do Direito pátrio, é necessário, a priori, pontuar as limitações imanentes às funções típicas do Judiciário.

Como já ressaltado anteriormente, os limites objetivos da atuação da cúpula do Poder Judiciário na aplicação e interpretação do Direito reside em dois aspectos fundamentais: o respeito aos limites semânticos-linguísticos das normas produzidas pelo legislador competente, e o respeito à aplicação de normas objetivamente imputáveis ao caso concreto.

Assim, ao interpretar a legislação, em especial as normas constitucionais em completa desarmonia com os pressupostos linguísticos ordinários e/ou técnicos, e ao aplicar normas jurídicas aplicáveis somente por reflexão a um determinado caso, promovendo de maneira artificial uma colisão de normas, em especial princípios, o Judiciário ultrapassa suas funções e invade espaço defeso à atuação jurisdicional.

Dessa forma, com o ativismo judicial existente na interpretação e aplicação do Direito de maneira política, com supedâneo em termos indeterminados e ponderações incorretas, o Judiciário incide, curiosamente, em conduta inconstitucional, posto não se tratar de função designada para essa instituição.

Aliás, como, de maneira didática, Elival da Silva Ramos já aduzia:

> Ao se fazer menção ao ativismo judicial, o que se está a referir é a ultrapassagem das linhas demarcatórias da função jurisdicional, em detrimento

principalmente da função legislativa, mas, também, da função administrativa e, até mesmo, da função de governo.[123]

É necessário, dessa forma, apontar a conduta ilegal que vem sendo praticada pelos tribunais pátrios.

Como se demonstrou até o momento, o Direito, em especial as Constituições, possuem inequívoco caráter político.

Tal caráter torna demasiadamente sedutor a conquista e imposição do poder por meio da atividade jurisdicional, transformando o plano da jurisdição constitucional em terreno fértil para querelas políticas.

Em determinados aspectos, quando constitucionalizadas, tais questões invariavelmente serão analisadas pelo mais alto Tribunal do país, que dará a última palavra a respeito da Constituição e seu sentido.

O problema que surge, no entanto, é quando as questões políticas judicializadas não possuem alicerce em normas constitucionais, tornando-se o exercício de jurisdição em violação às competências orgânicas de órgãos democraticamente constituídos.

Quando o Poder Judiciário solapa as competências legítimas que a Constituição atribuiu a outros órgãos, a própria noção de democracia é enfraquecida: "Retorno a indagação de Bernd Ruthers, aplicável como uma luva aos nossos tribunais e juízes: poderia um Estado, poderia uma democracia existir sem que os juízes fossem servos da lei?"[124].

Dessa maneira, é completamente defeso ao Judiciário, por meio dos mecanismos abordados no presente livro, influenciar nas atribuições constitucionais dos demais Poderes, sob pena de, caso o faça, incorrer em conduta inconstitucional.

O motivo para tanto é simples: o Poder Judiciário, tendo em vista sua estruturação concebida pela Carta Maior, carece de legi-

---

[123] RAMOS, Elival da Silva. *Ativismo Judicial*. São Paulo: Saraiva, 2015. p. 119.
[124] GRAU, 2018, p. 167.

timidade democrática para modificar as leis e, consequentemente, a sociedade como um todo.

Como já discorrido, a interpretação e aplicação das normas, destacando-se sempre as de caráter constitucional, possuem alto impacto na elaboração e determinação de práticas sociais, em um movimento dialético junto aos demais fatores que compõem a infraestrutura ideológica de nosso sistema social.

Consequentemente, nas palavras de Habermas:

> O exercício do poder político orienta-se e se legitima pelas leis que os cidadãos criam para si mesmos numa formação da opinião e da vontade estruturada discursivamente. Quando se considera essa prática como um processo destinado a resolver problemas, descobre-se que ela deve a sua força legitimadora a um *processo democrático* destinado a garantir um tratamento racional de questões políticas.[125]

Dessa forma, o Judiciário carece do aspecto mais importante que autoriza a criação de leis e, por decorrência lógica, de um "dever ser" abstrato que orienta as concepções sociais dos cidadãos: a legitimidade democrática.

Tal aspecto é de fundamental importância para o trabalho desenvolvido, na medida em que, ao incorrer nas ilegalidades descritas nos capítulos anteriores, em especial ao que refere à interpretação e aplicação do Direito, o Poder Judiciário ultrapassa os limites constitucionais que normatizam sua atuação.

É importante frisar, como já ressaltado anteriormente, que não cumpre ao presente livro discutir a legitimidade do Judiciário em interpretar e aplicar a lei, dentro de seus limites semânticos, mas de questionar a legitimidade do Poder Judiciário em tomar decisões políticas que interferem nas decisões sociais, constitucionalmente adequadas; em que pese eventuais questionamentos a respeito de seu acerto, utilizando-se para tanto de artifícios

---

[125] HABERMAS, 2003, p. 213. Grifo do autor.

hermenêuticos que violam frontalmente a separação de poderes inerentes aos sistemas democráticos contemporâneos.

Nesse ponto, também se demonstra didática a lição de Habermas, em seu livro *Direito e Democracia*, no qual o autor pontua:

> As comunicações políticas dos cidadãos estendem-se a todos os assuntos de interesse público; porem elas desaguam, no final das contas, nas decisões de corporações legislativas. A formação política da vontade visa a uma legislação, porque ela, de um lado, só se interpreta e configura o sistema de direitos que os cidadãos se reconheceram mutuamente através de leis, e porque, de outro lado, o poder organizado do Estado, que deve agir como uma parte em função do todo, só pode ser organizado e dirigido através de leis. A competência legislativa, que fundamentalmente é atribuída aos cidadãos em sua totalidade, é assumida por corporações parlamentares, que fundamentam leis de acordo com o processo democrático.
>
> [...] Certamente a divisão das competências da legislação e da aplicação do direito em dois diferentes poderes do Estado, independentes entre si a nível pessoal e institucional, não se deu por si mesma. A Atenas clássica fornece apenas um dos muitos exemplos de como reuniões populares ou parlamentos se reservam funções jurisdicionais. É certo que razões pragmáticas sugerem uma separação entre o poder legislativo e o judiciário, tão logo a configuração dogmática do direito e a cientificização da jurisprudência acarreta uma ampla profissionalização da prática de decisão judicial. Porem, do ponto de vista normativo e da sistemática jurídica, há outros argumentos decisivos. Em primeiro lugar, a diferença lógica e argumentativa entre fundamentações e aplicação de normas reflete-se na nas formas comunicativas de discurso de fundamentação e de aplicação, que precisam ser institucionalizados juridicamente,

de diferentes maneiras. Em discursos jurídicos de aplicação, é preciso decidir qual das normas tidas como válidas, numa situação dada, e cujas características da forma mais completa possível, é adequada. Esse tipo de discurso exige, de um lado, uma constelação de papeis, na qual partidos (e conforme o caso, autoridades políticas mediadoras) podem apresentar todos os aspectos litigiosos de uma caso a um juiz, como representante imparcial da comunidade; de outro lado, uma distribuição de competências segundo a qual o tribunal tem que fundamentar seu julgamento perante a esfera pública, em princípio ilimitada.[126]

Aliás, Habermas estende sua análise, abordando questões mais profundas, porém aplicáveis ao presente estudo, ao abordar a necessária separação entre *Estado e sociedade*.

Tal separação se justificaria na medida em que:

> Em sua versão abstrata, o princípio da separação entre Estado e sociedade exige uma sociedade civil, portanto relações de associação, além de uma cultura política suficientemente desacoplada de estruturas de classe. Ainda terei ocasião de retomar essa relação problemática entre poder social e democracia. A sociedade civil precisa amortecer e neutralizar a divisão desigual de posições sociais de poder e dos potenciais de poder daí derivados, a fim de que o poder social possa impor-se na medida em que *possibilita, sem restringir,* o exercício da autonomia dos cidadãos.
>
> [...] Entretanto, um processo político *que resulta* da sociedade civil tem que adquirir uma parcela de autonomia em relação a potenciais de poder ancorados na estrutura social (poder das associações, modo de financiamento do partido), a fim de que o sistema não se degrade, assumindo a forma de

---

[126] HABERMAS, 2003, p. 217-218.

um partido entre outros partidos, seja no papel do poder executivo, seja como poder de sanção.[127]

Ora, a partir do momento que o Judiciário passa a interpretar e aplicar o Direito em dissonância aos postulados metodológicos tradicionais e, em completa desarmonia com os limites semânticos e linguísticos que acompanham as normas oriundas do processo legislativo, tendo em vista a consecução de ditames políticos enquanto fins supostamente justificáveis, não apenas a separação entre poderes se encontra violada, mas também a separação entre Estado e sociedade civil se prejudica, na medida em que o poder sancionador típico das normas jurídicas aplicadas pelo Poder Judiciário se transformam em uma corporação viva que pratica um intenso *lobby* por determinadas pautas, a despeito do devido processo legislativo.

Tal interferência carece não apenas de legitimidade democrática, como exposta anteriormente, mas padece de erro vital na concepção das possibilidades de existência das democracias liberais.

Tendo em vista se tratar a Constituição de um documento eminentemente político que alberga as expectativas de diversos grupos políticos contrapostos, apenas o devido processo legislativo legitima eventuais mudanças em concepções sociais dominantes, haja vista o intenso caráter de reciprocidade institucional ocasionado pelo documento central do constitucionalismo contemporâneo.

Ao violar tais pressupostos metodológicos visando à alteração do tecido social, ante a flagrante interferência com a qual o Direito opera sob a infraestrutura ideológica, o Judiciário ultrapassa demasiadamente suas competências, criando condições de subversão democrática em seu próprio discurso.

Por mais paradoxal que seja em certas situações, a legitimidade da forma deve suplantar sobremaneira o conteúdo material de determinados atos, haja vista o caráter imprescindível daquela para a existência e preservação destes.

---

[127] *Ibid.*, p. 218-220. Grifo do autor.

É justamente sobre tal premissa que este estudo se assenta.

Não ignora este autor a existência de proteções insuficientes, tais quais aquelas destinadas a grupos sexualmente discriminados; entretanto, quando o Poder Judiciário ignora a forma adequada de realizar determinadas modificações em práticas sociais gerais, valendo-se invariavelmente de argumentos finalísticos, este incorre em erro grave, pois gera consequências indistintas no meio em que atua.

Inconcebível se torna acreditar que os grupos que não se veem representados pelo avanço gradual do Judiciário no campo político se manteriam inertes.

Tais agentes políticos, diante da incapacidade em contrapor o discurso processual-pragmático dos juízes e tribunais, que não comportam revisões, exceto por seus pares, e não se submetem ao escrutínio público como as propostas legislativas, geram no seio social uma categoria política nova, a qual denomino de "marginalizados constitucionais".

Tal grupo é formado, predominantemente, por pessoas que se veem cada vez menos representadas pelas decisões judiciais, as quais insistem em atribuir interpretações e aplicações duvidosas a temas socialmente relevantes.

Justamente na inexistência de possibilidades de formação do consciente político de maneira igualitária, tais grupos abandonam a reciprocidade constitucional originária, acarretando em discursos agressivos e por vezes antidemocráticos.

A questão que se levanta é: se a Constituição não recepciona os conceitos políticos desses grupos, conforme orientação interpretativa predominante sobre determinados temas, qual seria o interesse desses grupos em cumpri-la e respeitá-la em sua integralidade?

Trata-se de um dilema filosófico de primeira ordem; a dominação inerente ao Direito perde sua legitimação por meio do processo discursivo-democrático e passa a residir em decisões judiciais inexplicáveis ao cidadão comum.

Esse movimento acarreta na aceitação de discursos políticos autoritários e vazios, gerando um verdadeiro "*lumpen* constitucional", em que pessoas que não se veem representadas pelo pacto social vigente se revoltam contra as instituições postas.

Dessa forma, o avanço do Judiciário se demonstra ilegítimo e inconstitucional, mas também perigoso, posto colocar em risco um dos fundamentos que possibilitam a existência de uma democracia constitucional: o processo legislativo democrático como fonte de legitimação de expectativas de condutas sociais a serem adotadas pelos cidadãos.

6

CONCLUSÃO

Diante do estudo exposto, é possível concluir, com algumas ponderações, a respeito dos questionamentos introduzidos no decorrer dos capítulos.

Primeiramente, notório destacar que o livro em comento não possui o condão de exaurir o tema, por sinal, de alta complexidade e pluralidade de opiniões no âmbito acadêmico.

Também não reside neste estudo o vício da intransigência, que há muito tem caracterizado algumas opiniões jurídicas travestidas de cientificidade que assolam nosso meio intelectual.

As constatações realizadas no decorrer do texto, em especial no que se concerne à função política das Constituições, visa elaborar uma concepção sociológica do fenômeno constitucional nos Estados de Direito contemporâneos, a partir de premissas intelectuais encampadas por diversos autores, nacionais e estrangeiros, com o intuito de superar o dogma da Constituição como fenômeno exclusivamente jurídico.

Para explicar tal assertiva, este autor se utilizou de premissas sociológicas e filosóficas, em especial o conceito de materialismo histórico, haja vista uma necessária compreensão do Direito como fenômeno situado na infraestrutura social, em especial com o advento das Constituições dirigentes e da constitucionalização do Direito privado.

Na mesma linha de raciocínio, além das breves colocações a respeito do envolvimento entre sociedade, práticas sociais e Direito, buscou-se analisar a evolução ao estágio atual da interpretação e aplicação do Direito, bem como a notória utilização de tais mecanismos para a alteração de fundamentos jurídicos consolidados ou para atuação política pelo Poder Judiciário. Foi possível, a partir de então, observar um diálogo entre as diversas partes que compõem esta obra.

Por fim, e não menos importante, a última parte deste escrito abordou a legitimidade do Judiciário para realizar tais atos, em especial tendo em vista a separação dos poderes e do Estado para com a sociedade civil. Nesse aspecto, as conclusões a que se chega residem na impossibilidade dos órgãos julgadores em, violando os postulados básicos da aplicação e interpretação, avançarem sobre áreas destinadas aos demais poderes pelo nosso texto maior.

O último apelo que reside nesta afirmação diz respeito às implicações democráticas apontadas, sem, contudo, possuir o condão de exauri-las; trabalho que se guarda para monografias futuras em sede de pós-graduação.

Entretanto, o alerta realizado pode ser observado de perto pelos céticos diante da situação política brasileira na atualidade.

Ora, vemos um avanço desenfreado de discursos "desconstitucionalizados" em nosso meio político. Tais fatores ocorrem primordialmente por duas razões: a quebra de confiança em nossa Constituição, diante de sua inefetividade em solucionar problemas que o brasileiro médio atribui como prioridade; e, ao mesmo tempo, a existência de grupos políticos que se mostram constantemente insatisfeitos com decisões políticas tomadas pelo Judiciário, adotando a Constituição como álibi moral para tanto.

Questões politicamente sensíveis, tais quais a legalização do aborto, a descriminalização das drogas, a adoção de políticas públicas controvertidas para determinados grupos, acabam acarretando em insatisfação generalizada por aqueles que não se veem representados por tais decisões.

Dentro de tal contexto, fala-se com alguma frequência em "nova Constituinte" e afins, ao passo que a população em geral pouco se importa com a subversão ou integral cumprimento daquela que deveria ser a maior baliza em todo Estado Democrático moderno.

Ato contínuo a tais discursos, alguns atores políticos se incumbem de reverberar a insatisfação social, que, por vezes, fundam-se em descontentamento com decisões jurídicas e seus resultados, e transformam-nas, frequentemente, em ameaças à própria democracia.

Reitera-se que não cumpre a este estudo negar o óbvio. Se o preceito exarado pela Constituição não se coaduna com o desejo da maioria, este deve sucumbir em face da supremacia do primeiro.

Da mesma forma, fundamental destacar que direitos e garantias mínimas são atribuídas a todos os grupos, em especial aqueles socialmente vulneráveis.

Entretanto, é necessário discernir quais atribuições efetivamente se encontram na esfera jurídica, e quais delas devem decorrer do poder político e sua manifestação.

Isso se justifica em duas medidas: primeiro se refere à noção de sociedade e práticas sociais, que, no entendimento deste autor, devem decorrer da decisão da própria *polis*, e não de uma instituição política sem representatividade popular.

O segundo aspecto se refere à própria democracia, que possui como condição de subsistência a noção de pluralidade e representatividade de interesses, como uma de suas condições de possibilidade de concretização. Assim, a partir do momento em que as decisões políticas passam a residir em decisões judiciais, que, como já abordado, não possuem a capacidade de se comunicar com as esferas sociais em função das particularidades de seu discurso, a própria noção de democracia é colocada sob suspeita.

O Poder Judiciário não pode, e não deve, ser o promotor de modificações sociais de caráter político, pela incapacidade dos atores sociais interessados em modificarem a realidade política mediante os meios adequados.

A partir do momento em que o Judiciário se incumbir de tal tarefa, não apenas a própria Constituição será violada, como a própria condição de existência democrática estará em risco; condição esta na qual reside o principal fundamento de nossa Constituição e de nosso Poder Judiciário.

REFERÊNCIAS

ALEXY, Robert. *Teoria dos direitos fundamentais*. Tradução de Virgílio Afonso da Silva. 2. ed. São Paulo: Malheiros, 2017.

ÁVILA, Humberto. *Teoria dos princípios*: da definição à aplicação dos princípios jurídicos. 18. ed. São Paulo: Malheiros, 2018.

BADAWI, Karina Bonetti. *Separação dos poderes no Brasil e a teoria de Bruce Ackerman*. 2014. Tese (Doutorado em Direito Político e Econômico) – Universidade Presbiteriana Mackenzie, São Paulo, 2014.

BARBA, Rafael Giorgio Dalla. *Nas fronteiras da argumentação*: a discricionariedade judicial na teoria discursiva de Robert Alexy. 2. ed. Salvador: Jus Podivm, 2018. (Coleção Hermenêutica, Teoria do direito e Argumentação – Coordenador: Lenio Luiz Streck).

BARROSO, Luís Roberto. *O controle de constitucionalidade no direito brasileiro*. 5. ed. São Paulo: Saraiva, 2011.

BOBBIO, Norberto. *Teoria do ordenamento jurídico*. Tradução de Ari Marcelo Solon; Prefácio de Celso Lafer; Apresentação de Tercio Sampaio Ferraz Junior. 2. ed. São Paulo: Edipro, 2014.

BOBBIO, Norberto. *Teoria da norma jurídica*. Apresentação de Alaôr Caffé Alves; Tradução de Ariani Bueno Sudatti e Fernando Pavan Baptista. 6. ed. São Paulo: Edipro, 2016.

BRASIL. *Supremo Tribunal Federal*. Poder Judiciário. Ação Direta de Inconstitucionalidade Por Omissão. ADO 26. Relator: Min. Celso de Mello. Brasília, DF, 20 fev. 2019a. Disponível em: http://portal.stf.jus.br/processos/detalhe.asp?incidente=4515053. Acesso em: 11 ago. 2019.

BRASIL. *Supremo Tribunal Federal*. Poder Judiciário. Mandado de Injunção. MI 4733. Relator: Min. Edson Fachin. Brasília, DF, 13 jun. 2019b. Disponível em: http://portal.stf.jus.br/processos/detalhe.asp?incidente=4239576. Acesso em: 11 ago. 2019.

BRASIL. [Constituição (1988)]. Constituição da República Federativa do Brasil. Brasília, DF: Senado Federal, 2016

CAMPILONGO, Celso Fernandes. *O direito na sociedade complexa*. Apresentação de Rafaele De Georgi. São Paulo: Max Limonad, 2000.

CANOTILHO, José Joaquim Gomes. *Constituição dirigente e vinculação do legislador*. Coimbra: Coimbra Editora, 1994.

CARRAZA, Roque Antonio. *Curso de direito constitucional tributário*. 26. ed. São Paulo: Malheiros, 2010.

DIDIER JUNIOR, Fredie. *Curso de direito processual civil:* introdução ao direito processual civil, parte geral e processo de conhecimento. 18. ed. Salvador: Juspodivm, 2016. v. 1.

FARIAS, Cristiano Chaves de; ROSENVALD, Nelson. *Curso de direito civil:* Parte Geral e LINDB. 12. ed. Salvador: Juspodivm, 2014.

FERREIRA FILHO, Manoel Gonçalves. *Estado de Direito e Constituição*. 4. ed. São Paulo: Saraiva, 2007.

FERREIRA FILHO, Manoel Gonçalves. *Direitos humanos fundamentais*. 14. ed. São Paulo: Saraiva, 2012.

FERREIRA FILHO, Manoel Gonçalves. *Princípios Fundamentais do Direito constitucional*. São Paulo: Saraiva, 2015.

GRAU, Eros Roberto. *Por que tenho medo dos juízes*: a interpretação/aplicação do direito e os princípios. 9. ed. São Paulo: Malheiros, 2018.

GRECO, Rogério. *Curso de Direito Penal*: parte geral. 17. ed. Rio de Janeiro: Impetus, 2015.

HABERMAS, Jürgen. *Direito e democracia*: entre facticidade e validade. Tradução de Flávio Beno Siebeneichler. 2. ed. Rio de Janeiro: Tempo Brasileiro, 2003. v. 1.

LASSALE, Ferdinand. *O que é uma Constituição*. Campinas: Servanda, 2015.

LOCKE, John. *Segundo Tratado sobre o Governo*. Tradução de Alex Marins. São Paulo: Martin Claret, 2002. (Coleção obra prima de cada autor).

MARX, Karl; ENGELS, Friedrich. *A ideologia alemã*. Tradução de Álvaro Pina. São Paulo: Expressão Popular, 2009.

MASCARO, Alysson. *Estado e forma jurídica*. São Paulo: Boitempo, 2013.

MAXIMILIANO, Carlos. *Hermenêutica e aplicação do Direito*. Apresentação de Alyson Mascaro. 21. ed. Rio de Janeiro: Forense, 2017. (Fora de Série).

MELLO, Celso Antônio Bandeira de. *Curso de Direito Administrativo*. 28. ed. São Paulo: Malheiros, 2011.

MENDES, Gilmar Ferreira; BRANCO, Paulo Gustavo Gonet. *Curso de Direito Constitucional*. 11. ed. São Paulo: Saraiva, 2016.

MIRANDA, Jorge. *Teoria do Estado e da Constituição*. 4. ed. Rio de Janeiro: Forense, 2015.

MORRISON, Wayne. *Filosofia do Direito*: dos gregos ao pós-modernismo. Tradução de Jefferson Luiz Camargo. 2. ed. São Paulo: Wmf Martins Fontes, 2012.

PACHUKANIS, Evguiéni B. *Teoria geral do Direito e marxismo*. Tradução de Paula Vaz de Almeida; Revisão técnica de Alysson Leandro Mascaro e Pedro Davoglio; Prefácio de Antonio Negri; Posfácio de Umberto Cerroni China Miéville. São Paulo: Boitempo, 2017.

RAMOS, Elival da Silva. *Ativismo Judicial*. São Paulo: Saraiva, 2015.

ROUSSEAU, Jean-Jacques. *Do contrato social*. Tradução de Pietro Nasseti. 3. ed. São Paulo: Martin Claret, 2008.

SAMPAIO, José Adércio Leite. *Teoria da Constituição e dos direitos fundamentais*. Belo Horizonte: Del Rey, 2013.

SCHMITT, Carl. *Teoría de la Constitución*. Tradução de Francisco Ayala; Apresentação de Francisco Ayala; Epílogo de Manuel Garcia-Pelayo. Madri: Alianza Editorial, 2017.

SILVA, José Afonso da. *Aplicabilidade das normas constitucionais*. 8. ed. São Paulo: Malheiros, 2015.

STRECK, Lenio Luiz. *Verdade e consenso*: constituição, hermenêutica e teorias discursivas. 6. ed. São Paulo: Saraiva, 2017.

STRECK, Lenio Luiz. *Jurisdição constitucional e decisão jurídica*. 4. ed. São Paulo: Editora Revista dos Tribunais, 2014.

VASCONCELLOS, Fernando Andreoni. *O conceito de derrotabilidade normativa*. Curitiba: Universidade Federal do Paraná, 2009.

VOSTRECK, Lenio Luiz. *Lições de crítica hermenêutica do Direito*. 2. ed. Porto Alegre: Livraria do Advogado Editora, 2016.

WEBER, Max. *Ensaios de sociologia*. Organização e introdução de H. H. Gerth e C. Wright Mills; Tradução de Waltensir Dutra; Revisão técnica de Prof. Fernando Henrique Cardoso. 5. ed. Rio de Janeiro: LTC, 2008.